# Clásicos de la Literatura Hispanoamericana Colonial en su Contexto Sociohistórico

Clary Loisel, Ph.D.

Floricanto Press

Copyright © 2007 by Clary Loisel.
Copyright © 2007 of this edition by Floricanto Press.

All rights reserved. Except for brief passages quoted in a review, no part of this book may be reproduced in any form, by photostat, microfilm, xerography, electronic and digital reproduction, or placed in the Internet, or any other means, or incorporated into any information retrieval system, electronic, or mechanical, without written permission of the publisher.
ISBN: 978-0-915745-97-5

**Floricanto Press**
650 Castro Street, Suite 120-331
Mountain View, California 94041-2055
www. floricantopress. com
415-552 1879  Fax: 702-995 1410

# Índice

Agradecimientos 5

Introducción 7

**Primera Parte.** El Siglo XVI: La Literatura de la Conquista 13

Capítulo I. La Conquista de México: Hernán Cortés y las *Cartas de Relación* 19

Capítulo II. La Conquista de México: Bernal Díaz del Castillo y la *Historia Verdadera de la Conquista de la Nueva España* 30

Capítulo III. Alonso de Ercilla y Zúñiga y la *Araucana* 45

Capítulo IV. La Conquista del Perú: El Inca Garcilaso de la Vega Y los *Comentarios Reales* 54

**Segunda Parte.** El Siglo XVII: El Barroco, Arte Hispánico 66

Capítulo V. La Poesía Barroca de Bernardo de Balbuena 76

Capítulo VI. El Teatro de Juan Ruiz de Alarcón 86

Capítulo VII. La Poesía de Juan del Valle Caviedes 99

Capítulo VIII. Carlos de Sigüenza Y Góngora: Su Poesía Culterana y Su Narrativa 108

Capítulo IX. Sor Juana Inés de la Cruz: Voz Inolvidable de la Literatura Colonial 116

Conclusiones 130

Bibliografía 138

Notas 156

# Agradecimientos

Con estas palabras intento saldar mis onerosas deudas simbólicas. En primer lugar deseo agradecer a las personas que más me ayudaron con la preparación de esta monografía. A Ramón Corro por su ayuda solidaria en las versiones preliminares del proyecto. A Robert Stone por su lúcida lectura y sus sugerencias siempre efectivas, siempre cálidas. A Mark Cox por su lectura sagaz y rigurosa y por la tremenda eficacia de sus palabras. A André Moskowitz por sus meticulosos comentarios sobre el manuscrito y porque me hizo pensar en otras formas de articularlo. La contribución de estas cuatro personas fue decisiva para poder llevar a cabo mi proyecto.

# Introducción

Esta monografía va dirigida a los lectores que ya tienen un conocimiento básico de la literatura hispanoamericana colonial pero quieren un análisis más profundo de algunas obras principales del canon. Este libro sobre la literatura colonial constituye un esfuerzo por reunir el testimonio de nueve escritores de los siglos XVI y XVII que han expresado algunas experiencias y vicisitudes principales de varios pueblos de Hispanoamérica para acercarse a su identidad nacional y artística. Seleccioné a estas figuras por sus contribuciones únicas a las letras hispanas. El tema central de este libro es la transformación y la "nativización" de los modelos peninsulares por los escritores del Nuevo Mundo. Es mi esperanza que volviendo a estudiar a estos autores y obras, podamos comenzar a comprender mejor una pequeña parte de la enorme producción literaria de los dos siglos después de la llegada de Cristóbal Colón en 1492.

Divido el libro en dos partes principales: "El Siglo XVI: Literatura de la Conquista" y "El Siglo XVII: El Barroco, Arte Hispánico". Al principio de cada parte hay una introducción sobre el marco histórico-social así como de las corrientes estéticas de cada época. Cada uno de los nueve capítulos se dedica a las biografías y al análisis de la obra de los autores seleccionados: Hernán Cortés, Bernal Díaz del Castillo, Alonso de Ercilla y Zúñiga, El Inca Garcilaso de la Vega, Bernardo de Balbuena, Juan Ruiz de Alarcón, Juan del Valle Caviedes, Carlos de Sigüenza y Góngora y Sor Juana Inés de la Cruz.

## Hernán Cortés (1485-1547)

Entre los treinta y cuatro y los cuarenta y un años de edad, o sea, entre 1519 y 1526, Hernán Cortés escribió la epopeya de su conquista: las cartas enviadas a Carlos V, las cuales él mismo llamaba *Relación*, y que son el relato de los hechos acaecidos en la Nueva España. Las cartas, cinco en total, son una reseña del espíritu que animó a Cortés en la Conquista; en ellas puso de manifiesto su lealtad a Dios y a su rey, actuando según las ideas en boga, convencido de que los conquistadores tenían derecho a hacer la guerra a los indígenas para combatir su idolatría. Cortés describe también en las cartas su deslumbramiento ante la tierra maravillosa que le había tocado conquistar; en todas ellas trasciende su espíritu decidido y su intuición política.

### Bernal Díaz del Castillo (1492?-1584)

La *Historia Verdadera de la Conquista de la Nueva España* de Bernal Díaz del Castillo es una narración espontánea, escrita en lenguaje coloquial, sin pretensiones, que refleja el modo de habla común de la época. Es un relato donde el autor hace gala de extraordinaria memoria y de una asombrosa capacidad para describir con precisión y sencillez la sucesión de hechos realizados durante la Conquista. La crónica de Bernal Díaz del Castillo nos presenta un enfoque humano de los personajes que intervinieron en ella, tanto españoles como indígenas. Para Bernal Díaz, la Conquista fue una labor de conjunto. En su obra transcribe, con cierta frecuencia, las conversaciones de los soldados españoles, y en tales pláticas se plasma el pensamiento y las facetas de todos ellos. Suele mencionar el nombre de casi todos sus compañeros, su lugar de origen, sus hazañas y sus penas y las circunstancias de su muerte. *La Historia Verdadera de la Conquista de la Nueva España* sirve como testimonio histórico del soldado desconocido que, como escritor, y en sus propias palabras, afirma: "Muchas veces, ahora que soy viejo, me paro a considerar las cosas heroicas que en aquel tiempo pasamos, que me parece que las veo presentes".

### Alonso de Ercilla y Zúñiga (1534-1594)

*La Araucana* de Alonso de Ercilla y Zúñiga es un largo poema épico que sigue a los grandes poetas del Renacimiento italiano: Ludovico Ariosto y Matteo María Boiardo, aunque en Ercilla es más importante el aspecto amoroso. Si una de las características de la poesía épica es el interés por lo nacional, entonces *La Araucana* es el primer poema épico de la nación chilena por su contenido histórico y humano, pero es también una obra de interés americano que trasciende las fronteras de Chile. *La Araucana* cuenta, desde la perspectiva de su autor (que fue actor de los hechos) en la primera parte, las victorias fulminantes de los araucanos: la derrota y muerte de Valdivia, la dispar lucha de catorce españoles contra mil indígenas, etc.; en la segunda parte habla de las batallas que van ganando los españoles en medio de feroces combates; es aquí donde la pluma y la inspiración de Ercilla llegan a su punto más alto; la tercera describe la derrota de Caupolicán y su muerte.

# Clásicos de la Literatura Hispanoamericana

### El Inca Garcilaso de la Vega (1539-1616)

La primera parte de los Comentarios Reales de los Incas del Inca Garcilaso de la Vega es una descripción del antiguo imperio inca: su organización, reyes, fundación, costumbres, historia y guerras, hasta la llegada del hombre blanco. Como el resto de los cronistas, al Inca le interesó refutar a algunos historiadores que había leído, y demostrar que su relato se basaba en lo que había visto y oído. Las partes más admirables de sus Comentarios son justamente aquellas en las que narra escenas presenciadas por él. El autor va alternando la historia con el relato de costumbre, y muestra cómo los incas se extendieron por el Imperio conquistando nuevos territorios. La imagen que nos da de la civilización incaica está, según algunos historiadores, idealizada y embellecida por la nostalgia. Además de sus propios recuerdos y experiencias, utilizó fuentes históricas tales como los informes escritos que le enviaban del Perú y las crónicas de Pedro Cieza de León y Francisco López de Gómara. La segunda parte de los Comentarios Reales trata del descubrimiento y de la conquista del Perú, del levantamiento general de los indígenas contra los españoles, de las guerras civiles que hubo entre los Pizarro y los Almagro, y de las rebeliones de los conquistadores contra la Corona. El asunto es distinto, y si en la primera parte los protagonistas son los incas, en la segunda son los españoles. No se trata de reconstruir históricamente los hechos, sino de puntualizar y corregir las versiones de otros historiadores. A El Inca le interesaba, particularmente, aclarar la posición de su padre en el asunto de Gonzalo Pizarro: para él no hubo traición, por amistad su padre ayudó a Pizarro a salvar la vida, dándole su propio caballo.

### Bernardo de Balbuena (1561 o 1562-1627)

Por su vida y por su obra es Bernardo de Balbuena un representante típico del momento de la historia hispanoamericana que le tocó en suerte vivir: pertenece tanto a la Vieja como a la Nueva España. Cuando era aún muy temprano para exigir diferenciaciones nacionales apenas en gestación su patria fue tanto la una como la otra, familiares muy próximos tuvo en las dos, y el arraigo y amor por ambas se refleja profundamente en su obra, cantando hiperbólicamente las grandezas de México y las fabulosas hazañas de un héroe de la gran gesta española. Por ejemplo, la *Grandeza Mexicana* de Bernardo de Balbuena es quizá uno de los mejores poemas del período colonial. Dada la ocupación del escritor— Balbuena era sacerdote durante la mayor parte de su vida—y la manera sedentaria en que cumplió sus deberes, la obra de Balbuena no tiene la característica de la aventura violenta del poema épico.

La *Grandeza Mexicana* describe una ciudad colonial en el corazón del imperio español, confiada en su posición en el mundo. No está metida en guerras costosas para subyugar las tribus indígenas y no está dividida por la disensión interna.

### Juan Ruiz de Alarcón (1580-1639)

La figura de Juan Ruiz de Alarcón destaca en el teatro. Las obras dramáticas de este autor se clasifican dentro del ciclo de Lope de Vega, pues siguen la estructura de la comedia nueva o española: sin embargo, son muy significativos los rasgos propios que deslindan su obra de las del teatro español de su tiempo. Se ha dicho que Alarcón es el más "moderno" de los dramaturgos del Siglo de Oro. Su talento para definir los personajes y ahondar en su psicología, la prédica de la razón y la bondad como norma única en la vida, son sus características sobresalientes. Fue un autor sensible e introvertido, y sus personajes, más reales que los héroes de las comedias de su época, no ofrecen contrastes violentos y se convierten, entonces, en personajes que representan las debilidades que acusan: la mentira, la maledicencia, la ingratitud, etc. Alarcón los comprende, los explica con mesura y austeridad. Se distingue por los tonos discretos, y trasciende en su obra un gusto por la urbanidad y la cortesía.

### Juan del Valle Caviedes (1652?-1697?)

Juan del Valle Caviedes es, con la excepción de Sor Juana Inés de la Cruz, el escritor de lengua castellana más significativo del siglo XVII. Aunque escribió también poesía religiosa y didáctica, su fama se basa mayormente en su *Diente del Parnaso*, en que Caviedes, en un estilo evocador del poeta español Francisco de Quevedo, dirige la sátira mordaz hacia los médicos del día. Por lo general, la poesía de Caviedes tiende a funcionar en términos de la repetición de un motivo fundamental en vez de por amplificación de un cierto tema. Por su sátira cáustica y sus juegos de palabra innovadores más que por su versatilidad, Caviedes será recordado como uno de los poetas más significativos de la era colonial.

### Carlos de Sigüenza y Góngora (1645-1700)

Carlos de Sigüenza y Góngora incursiona en varias ramas del saber humano. Era una personalidad ilustre porque, a pesar de ser un católico obediente, su curiosidad intelectual lo separó del escolasticismo y le abrió los ojos a las ventajas de la razón y del experimento. Escribió obras históricas, filosóficas, astronómicas y, por supuesto, literarias. Entre estas últimas destacan dos: *El Triunfo*

# Clásicos de la Literatura Hispanoamericana

*Parténico* y *Primavera Indiana*. Aquélla reúne parte de su producción poética y la de otros autores que participaron en los certámenes literarios, o las competencias de 1682 y 1683. Su obra *Primavera Indiana* es un canto que se refiere a la aparición de la Virgen de Guadalupe, símbolo cultural de gran relevancia para los mexicanos. La obra más conocida de Sigüenza y Góngora es un relato de viajes titulado *Los Infortunios de Alonso Ramírez*. Uno de sus propósitos fue el de recordar verdaderos episodios y dar información sobre la geografía natural y humana.

### Sor Juana Inés de la Cruz (1648-1695)

Muy importante es la producción literaria de Sor Juana Inés de la Cruz. Los poemas de ella están considerados como algunos de los mejores de su época. En ese ambiente del siglo XVII—formal e inexpresivo—surge la poesía de Sor Juana, que si por una parte es cortesana y de compromiso, por otra llega a la altura de los modelos culteranos. En todo caso, conocer su poesía es imprescindible, pues en ella aparece velada, huidiza, prometedora, haciendo confesiones, jugando con el lector y dejándole en la incertidumbre. También escribió teatro el cual puede dividirse en profano y religioso. El primero está formado por dos comedias de estilo barroco que siguen a Calderón de la Barca: *Los Empeños de la Casa* y *Amor es más Laberinto*. Sor Juana escribió varios *autos sacramentales*, los cuales forman parte de su teatro religioso. Este género dramático se remonta a la Edad Media. Los autos sacramentales más importantes de Sor Juana son: *El Mártir del Sacramento*, *El Cetro de José* y *El Divino Narciso*. En 1687 escribió la *Crisis de un Sermón*, refutando un escrito del jesuita portugués Antonio Vieyra. A pesar de que el Obispo de Puebla, Manuel Fernández de Santa Cruz, la publicó con el título de *Carta Atenagórica*—propia de Atenea—le aconsejó a la autora (en una carta que firmó como "Sor Filotea") no dedicarse tanto a los estudios profanos, cuanto a la salvación de su alma. Sor Juana le contestó en su *Respuesta a Sor Filotea de la Cruz*, defendiéndose en forma brillante. Sin embargo, esta severa amonestación de parte del obispo hizo que Sor Juana renunciara a sus estudios, se deshiciera de su biblioteca y se consagrara a una última etapa de silencio y mortificación.

# Primera Parte

 **El Siglo XVI:
La Literatura de la Conquista**

**Momento Histórico en España**
Cuando Cristóbal Colón llegó a América y los primeros conquistadores se apropiaron de las islas del Caribe, España estaba gobernada por los Reyes Católicos y fue el momento en que comenzó en la Península el Renacimiento. La Edad Media, caracterizada por una rígida sociedad dividida en tres clases sociales: nobleza (rey, señores feudales), clerecía y siervos, evoluciona hacia el Renacimiento lo cual se manifestó en las artes, las letras, las ciencias, la política y las costumbres: y alcanzó todas las actividades humanas.
   Durante este período progresaron las ciudades y, al desarrollarse la vida urbana, apareció la burguesía, y con ella el comercio y la industria. El poder tendió a centralizarse en manos de los reyes, mientras que en la Edad Media era ejercido por los señores feudales. Con los Reyes Católicos, Isabel de Castilla y Fernando de Aragón, comenzó la unificación de España bajo una sola corona y una sola voluntad.
   En otros aspectos, el Renacimiento se caracterizó por un renacer de la cultura bajo los ideales clásicos de Grecia y Roma según los cuales se consideraba que el hombre era el centro de la creación. Esto tuvo importantísimas consecuencias, ya que se desarrolló la confianza del hombre en sí mismo, éste se interesó en el mundo que lo rodeaba para analizarlo y conocerlo, se despertó su espíritu crítico (el cual se enfocó en la revisión del dogma religioso y tuvo como consecuencia la Reforma) y su curiosidad por todo lo que le rodeaba; de ahí que el Renacimiento fuera la época de los grandes descubrimientos geográficos y del arranque de la ciencia moderna. El mundo no era sólo un valle de lágrimas, debía ser gozado, investigado y conquistado racionalmente. Se puede decir que todo el pensamiento, el arte y la literatura se concentraron en lo humano. Los rasgos importantes del Renacimiento español son: 1) la unidad en la corona de Castilla, 2) la llegada a América, 3) el humanismo, el

cual se manifiesta en el interés por la antigüedad grecolatina. (Se implantan estudios de humanidades, y aparecen grandes humanistas españoles como Juan Luis Vives y Elio Antonio de Nebrija), 4) la imprenta y 5) un gran desarrollo de todas las artes. Sin embargo, el ímpetu renacentista en España se vio paralizado por una serie de problemas, como el menor desarrollo de la burguesía, frenada por la nobleza y el clero y los prejuicios de casta. Los Reyes Católicos expulsaron a los judíos que no se convirtieron al cristianismo y los principales trabajos de las ciudades quedaron en manos de los judíos conversos, pues se consideraban impropios de gente hidalga. Por ello la industria y el comercio no se desarrollaron como en otros países de Europa. Las riquezas de América fueron desaprovechadas; se gastaron en importar productos manufacturados y en costear las guerras en Europa. También fue un impedimento para el desarrollo el hecho de que España dirigiera la lucha contra el protestantismo, y por medio de la Inquisición persiguiera cualquier tipo de disidentes religioso e impidiera la circulación de libros y la salida de estudiantes españoles al extranjero.[1]

Estos hechos, que en realidad fueron obstáculos para romper con el espíritu medieval, repercutieron en América Latina y en la colonización, de tal modo que el escritor Enrique Anderson-Imbert dijo lo siguiente: "Los hombres que llegaron al Nuevo Mundo estaban impulsados por las fuerzas espirituales del Renacimiento, pero sus cabezas tenían todavía marco medieval" (28).

### La Conquista

En la Edad Media, a partir de las cruzadas, los Papas concedían permiso a los reyes y señores cristianos para adueñarse de la tierra de los gentiles o paganos siempre que se comprometieran a divulgar entre éstos la fe católica. Después de la llegada de los españoles al continente americano, el papa Alejandro Borgia, mediante una bula, autorizó a las coronas española y portuguesa a conquistar las nuevas tierras, con la condición de que evangelizaran a los indígenas. Los españoles redactaron un documento llamado *Requerimiento*, por medio del cual comunicaban a los indios la autorización papal para conquistarlos, la existencia de un solo Dios, y su obligación de ser vasallos de los reyes de España. El documento, escrito en latín, era un mero formalismo que justificaba la conquista desde el punto de vista español. Los españoles, después de luchar ocho siglos contra los árabes en su propio país, se sintieron el pueblo elegido para

# Clásicos de la Literatura Hispanoamericana

evangelizar al Nuevo Mundo. Para cristianizar a los indios, los españoles tenían que establecerse entre ellos y enseñarles la doctrina. Hubo dos corrientes de opinión sobre cómo esto debía llevarse a cabo. La primera sostenía la total racionalidad del indígena, su capacidad para gobernarse, y el reconocimiento de su civilización, según la cual los españoles únicamente tenían derecho a enseñarles la doctrina por medios pacíficos. Defendía esta tesis el fray Bartolomé de las Casas. La segunda alegaba que, a pesar de la racionalidad y capacidad del indígena, era imposible enseñarle la religión y desterrar de ellos la idolatría, si los españoles no los conquistaban. Fray Toribio de Benavente (o "Motolinía") era uno de los partidarios de este argumento.

Es curioso observar cómo los propios españoles cuestionaron los derechos de su país para conquistar y someter a otros pueblos, rechazaron las teorías de sus compatriotas sobre la irracionalidad del indio americano y, por último, protestaron por los abusos que cometían conquistadores y encomenderos. Sin embargo, prevaleció el segundo punto de vista por ser el más conveniente para la Corona.

## Los Conquistadores

La conquista de México se llevó a cabo como una empresa privada pagada por particulares, pues la corona española, aunque apoyaba las expediciones, no daba ni un centavo para ellas. Así que Diego Velázquez, el gobernador de Cuba, interesado en descubrir nuevas tierras, organizó varias expediciones, la primera dirigida por Francisco Hernández de Córdoba y la segunda al mando de Juan de Grijalva. Hernán Cortés iría al mando de la tercera, pero adelantándose a los otros, el futuro conquistador tomó la empresa bajo su responsabilidad y se desligó del compromiso con Velázquez. Lo que quedó claro fue el carácter de inversión que la empresa tuvo para sus organizadores, quienes arriesgaron vida y dinero a cambio de obtener pingües beneficios. Su actuación posterior estuvo totalmente de acuerdo con este planteamiento.

## Las Crónicas de la Conquista

La crónica es, propiamente, un género histórico que tiene su origen en la Edad Media. La crónica era el relato de acontecimientos en orden cronológico; la primera fue la *Crónica General*, que data de la época de Alfonso X, el Sabio, y es la primera escrita en castellano.

El acontecimiento más importante para los europeos del siglo XVI fue el encuentro con América. Exploradores, soldados y misioneros se enfrentaron a un mundo desconocido, nunca antes imaginado. Sus reacciones oscilaron entre la fascinación y el repudio. Empujados por sus logros militares y evangelizadores, plasmaron sus impresiones en forma de relatos, conocidos como crónicas de Indias. La crónica de Indias se convirtió en el género literario más prolífico de aquellos tiempos. Por su carácter testimonial, estas crónicas nos permiten acercarnos al descubrimiento, conquista y evangelización del Nuevo Mundo. La mayoría de ellas, escritas en prosa, describen detalladamente los acontecimientos. A diferencia de la historiografía, en la que el historiador pretende ser objetivo, el cronista es partícipe de los hechos que narra y manifiesta, por tanto, sus experiencias y emociones.

Por la información que proporcionan, varias crónicas son un complemento documental para conocer las culturas prehispánicas. En estas obras se registra la geografía y la naturaleza de los territorios conquistados y se consignan, además, una porción fundamental del léxico indígena, como nombres de ciudades, de la flora y la fauna, así como de personajes históricos.

Las técnicas narrativas de la crónica se basan en un estilo descriptivo y directo. Se comparan objetos, costumbres, habitantes y elementos naturales del Nuevo Mundo con los europeos para mostrar sus diferencias y semejanzas. Predomina un tono que justifica las razones de la conquista, tanto en el aspecto político como en el espiritual. De las primeras narraciones conocidas en Europa, nacieron innumerables leyendas sobre la riqueza de las tierras conquistadas y la idea de que el indígena americano era un noble salvaje que, al desconocer la religión católica, debía ser evangelizado.

Al contacto con el Nuevo Mundo, volvió a surgir la crónica como forma de relato histórico, requerido por el descubrimiento y sus protagonistas. En esta ocasión, se trataba de crónicas extensas, sin un plan definido—si acaso, seguir el curso de la historia—, mero relato de anécdotas con carácter realista.

Se escribieron con varios fines: por el muy legítimo derecho de reclamar el pago por los trabajos y riesgos sufridos por los conquistadores; por el afán y deseo de gloria, características de la época renacentista; por puntualizar los hechos y escribir "la verdad" de la Conquista aunque existieron tantas verdades como cronistas. En mayor o menor medida, encontraremos estos fines en Hernán Cortés y en Bernal Díaz del Castillo.

En otros casos, tenemos crónicas que cuentan las aventuras increíbles, pero verdaderas, de un grupo de españoles perdidos en territorios hostiles, como es el caso de Alvar Núñez Cabeza de Vaca y su crónica conocida como *Naufragios*.

En cambio los cronistas indígenas se mostraron preocupados por el rescate de su pasado y, a su propia visión de la conquista añadieron, con nostalgia, la descripción de la cultura prehispánica. Los misioneros españoles llegaron a la conclusión de que para cambiar la mentalidad indígena, había que conocerla y por eso estudiaron las antiguas culturas y escribieron sobre ellas.

Algunos cronistas difieren en la forma de elaborar sus obras; tal es el caso del historiador Francisco López de Gómara, quien planeó cuidadosamente su *Historia General de las Indias*, de la que forma parte la *Conquista de México*; en ésta el héroe del relato es Hernán Cortés, porque para Gómara la historia es esencialmente la biografía de los grandes hombres. A pesar de que Gómara no participó en la conquista de México, sus investigaciones sobre el tema y la amistad con Cortés—fue su capellán—le dan autoridad en la materia.

Bernal Díaz del Castillo, en cambio, quiso rectificar a Gómara, pero no procedió como él: escribió la *Historia Verdadera de la Conquista de la Nueva España* de memoria, sin tener a la mano documentos, citando por el recuerdo, no por el dato preciso. Lo que a Bernal le interesaba era hacer justicia al soldado raso y evocar las dificultades cotidianas, lo cual es su mayor acierto.

### Los Cronistas

El primero fue Cristóbal Colón, quien ya en su *Carta de Navegación* describe las nuevas tierras.

Entre los más importantes cronistas de México, y que además participaron en ella, son: Hernán Cortés, Bernal Díaz del Castillo, Baltasar de Obregón, Andrés de Tapia y Juan Suárez de Peralta.

En España, López de Gómara escribió *Historia General de las Indias*. Gracias a la amistad con Hernán Cortés pudo conocer la conquista de México paso a paso desde la perspectiva de Cortés, en ésta, Gómara trató de glorificar a Cortés, el cual para ese entonces había caído en desgracia. Antonio de Solís, nacido en el siglo XVII y nombrado por Felipe IV cronista mayor de Indias, escribió una de las crónicas más famosas y traducidas sobre el tema: *Historia de la Conquista de México*. Gonzalo Fernández de Oviedo fue alcalde en la isla Española y cronista general de Indias en la Corte, hacia 1532; como autor de la *Historia General y Natural de las Indias*, su ideal de la historia parece estar en contra de aquello de lo que fue testigo.

Entre los misioneros que fueron a México para evangelizar a los indios destaca fray Bernardino de Sahagún, autor del estudio más amplio y documentado sobre el pasado indígena y que incluye el tema de la Conquista: *Historia General de las Cosas de Nueva España*; fray Bartolomé de las Casas, que además de su lucha continua en defensa del indio, contribuyó a la historiografía mexicana con la *Historia de las Indias* y la controvertida *Brevísima Relación de la Destrucción de las Indias*.

Algunos de los indígenas que fueron conquistados escribieron también versiones de la historia: Hernando Alvarado Tezozómoc, autor de la *Crónica Mexicana*, y Fernando de Alva Ixtlilxóchitl con *Historia Chichimeca* son dos ejemplos.

La conquista de otros territorios generó crónicas tan importantes como las escritas sobre la de México. Ya se mencionó el emocionante relato de Núñez Cabeza de Vaca, que cuenta el accidentado recorrido a pie que hizo en compañía de tres españoles, desde la Florida hasta la Nueva España, y que se titula *Naufragios*.

La conquista del entonces inmenso reino del Perú tuvo un cronista excepcional, el mestizo el Inca Garcilaso de la Vega. La obra de Pedro Cieza de León, dividida en cuatro partes, relata la conquista del territorio, las luchas sanguinarias de los españoles y describe la civilización incaica. El título de una de las partes es *Parte Primera de la Crónica del Perú*.

Otro territorio conquistado, el cual tuvo un poeta memorable que lo cantara, fue Chile, la región de los araucanos, la que inspiró a Alonso de Ercilla y Zúñiga, autor del primer poema épico de América: *La Araucana*. Tan importante fue este poema, que hasta Cervantes lo mencionó en el capítulo VI del *Quixote*, como uno de los libros que no merecían ser quemados. Entre los continuadores de Ercilla se encuentra a Pedro de Oña con *Arauco Domado*.

# Clásicos de la Literatura Hispanoamericana

## Capítulo I
### La Conquista de México:
### Hernán Cortés y las *Cartas de Relación*

Though the last two decades of Cortés's life were fraught with disappointment, there is no greater example of rise to fame and fortune in the history of the New World. Through his diverse talents he gained immortality as one of the greatest military figures of the ages... As a symbol of Spain's might and the exploitation of indigenous peoples, his image later became tarnished, first with Mexico's independence from Spain and later with the Revolution of 1910, which aspired to rehabilitate the indigenous past. The image of destroyer displaced that of heroic leader.
**Michael C. Meyer**

### Contexto Sociohistórico

Es difícil esbozar, en unas cuantas líneas, la trayectoria de la vida de un hombre que lo mismo ha sido enaltecido que vilipendiado. Aquí intento enfocar su controvertida personalidad únicamente a la luz de la historia.

Hernán Cortés nació en Medellín, Extremadura (hoy Badajoz), en 1485; fue hijo de Martín Cortés de Monroy y de Catalina Pizarro Altamirano. Creció endeble de cuerpo, pero fuerte de espíritu; estudió un par de años en Salamanca con un tío suyo que fue su primer preceptor de gramática; el niño aprendió latín pero resolvió no seguir los estudios de leyes, lo cual había sido propósito inicial de sus padres al enviarlo allí. Parece ser que a los dieciséis años, después de estar en Salamanca, fue a Valladolid en donde trabajó en una escribanía y aprendió a redactar documentos y actas.

Habiendo fracasado en el camino de las letras, quedaba una alternativa: las armas, por lo cual decidió viajar a las Indias en busca de su destino. Recién descubierta América y en los albores del Renacimiento, el nuevo continente era el señuelo que llamaba a los hombres de temperamento inquieto a realizar proezas y buscar fortuna.

A los diecinueve años de edad, Cortés se embarcó en Sanlúcar de Barrameda, en la nave de Alonso Quintero, la cual en dos ocasiones estuvo a punto de perderse. Después de algunas aventuras, se estableció en la isla de Santo Domingo como escribano del Ayuntamiento de Azúa, aunque una inexplicable inquietud le hacía dirigir la vista hacia tierra firme. Salió de allí con Diego Velázquez a la conquista de Cuba en 1511; Cortés entonces demostró su valor y aprendió a combatir contra los indígenas; logró además el aprecio y distinción de Velázquez. Contrajo matrimonio (se dice que a pesar suyo) con Catalina Juárez, quien era hermana de una amiga del gobernador.

En 1517, Cortés fue designado para dirigir una expedición cuyo propósito era socorrer a Juan de Grijalva que había llegado a las costas de México, pero poco después la autoridad le fue denegada. Sin embargo, desobedeciendo órdenes, Cortés partió hacia México en febrero de 1519 con 11 naves y 650 hombres, virtualmente desligado de la autoridad de Velázquez, aceptando solamente sumisión a Carlos V.

Desembarcó en Cozumel y, habiendo vencido a los mayas, siguió en su recorrido por la costa de la península de Yucatán. En Tabasco le fueron entregadas unas indígenas, entre las cuales se encontraba Malintzin, bella e inteligente mujer, quien por conocer la lengua náhuatl tanto como la maya, le serviría como intérprete de ahí en adelante.

Tiempo después, Cortés llegó a San Juan de Ulúa, y como un buen número de sus expedicionarios se resistieron a seguir en la empresa, tuvo algunos conflictos con ellos y decidió entonces fundar la ciudad de Veracruz, para ser nombrado Capitán General por el Cabildo. Envió una nave a España y destruyó las restantes. Se encontró con los mensajeros de Moctezuma, los cuales esperaban el regreso de Quetzalcóatl. Estos mismos mensajeros le confirieron esta identidad, honrándolo como a un teul o dios. Agudo de mente y hábil en la acción, el extremeño aprovechó las circunstancias y en ese momento crucial se yergue en conquistador, quedando así sellada la historia de la conquista de México, pues todos los hechos subsiguientes tendrán un apoyo implícito en la suposición de que los españoles eran dioses.

Cortés prosiguió su marcha hacia la capital azteca, se alió con los tlaxcaltecas, enemigos de los aztecas, y a pesar de las instancias de los mensajeros de Moctezuma para que se retirase, entró en Tenochtitlán el 13 de noviembre de 1519, iniciándose así la campaña de la toma de la ciudad y el despliegue de toda su estrategia militar.

Logrado el objetivo final, Cortés se estableció en Coyoacán. Posteriormente llegó a México su esposa, quien murió al poco tiempo de haber llegado.

Por fin, en octubre de 1522, Cortés recibió del monarca español el nombramiento de Gobernador y Capitán General de la Nueva España. Tal designación lo movió a desplegar una intensa actividad: introdujo cultivos, trajo sementales para la propagación de algunas especies animales, continuó la exploración del territorio mexicano e insistió en el envío de frailes para la difusión del cristianismo, logrando que en mayo de 1524 llegaran los primeros doce franciscanos (Madariaga 78).

Organizó nuevas expediciones, una de ellas a Honduras, al mando de Cristóbal de Olid, quien después habría de rebelarse contra él. Cortés, indignado por tal proceder, se lanzó a un viaje a las Hibueras, el cual le ocasionó la pérdida del gobierno por una parte, y muchos conflictos personales por otra.

Debido a intrigas de sus detractores, se trasladó a España a defender su causa. El monarca español lo recibió con cordialidad, pero no lo ratificó como Gobernador, aunque sí como Capitán General. Durante su estancia allí, contrajo matrimonio con Juana de Zúñiga. Éste habría de ser posteriormente jefe de una fallida conspiración cuya finalidad era separar a la Nueva España de la metrópoli.

Con Malintzin tuvo a Martín Cortés, el bastardo, uno de los primeros mestizos, a quien se le consideró cómplice de su hermano en la misma conspiración.

De vuelta otra vez en Nueva España, tuvo serias dificultades con el virrey Mendoza, y decidió volver a su tierra para tratar de obtener justicia. Pasó allí sus últimos años y murió en Castilleja de la Cuesta, cerca de Sevilla, en 1547. Sus restos están en el presbiterio de la iglesia del Hospital de Jesús, en la Ciudad de México (Parkes 91).

**Hernán Cortés como Cronista: las *Cartas de Relación***

Las *Cartas de Relación* de Hernán Cortés nos proporcionan una excelente oportunidad de volver a vivir lo que pasó en Nueva España en la primera mitad del siglo XVI. Este período de tiempo es extremadamente crucial para comprender el México de hoy. Analizando las *Cartas* de Cortés, podemos empezar a tomar en cuenta los factores sociohistóricos que prevalecían en aquel entonces y que dieron forma a una de las naciones más importantes del Nuevo Mundo. En esta sección comento primero Cortés y sus *Cartas* en general pero la parte principal se enfoca en las *Cartas* en orden cronológico. Pienso mostrar cómo las *Cartas* son imprescindibles para revelar la mentalidad de Hernán Cortés desde una perspectiva sociohistórica. Como veremos, las *Cartas* también nos proporcionan un ejemplo magnífico de la ironía histórica.

Hernán Cortés mandó cinco cartas a Carlos V entre los años 1519 y 1526. Se nos ha perdido la primera y ha sido reemplazada por otra también dirigida a Carlos V por el Concilio de Veracruz. Estas cartas de Hernán Cortés son las importantes. Hay otras tan bien como documentos que expresan su amor por las tierras conquistadas. De hecho, quería ser enterrado en Nueva España. En sus *Cartas*, Cortés no habla emocionalmente, y sólo podemos adivinar la animación en su cara cuando relata, no tanto lo que hace, sino lo que ve en sus paseos por la ciudad y el mercado de Tenochtitlán (Merrim "The First 50 Years..." 73). Fue el primer soldado en descubrir la grandeza de una civilización indígena. Como soldado, su meta fue conquistar, pero mientras conquistaba todo por medio de persuasión, intriga política, mentiras y brutalidad, sabía apreciar el valor de la organización social de los aztecas (Carmen 28). No es por lasitud literaria que Cortés confesó al rey su inhabilidad de comunicar lo maravilloso que vio; era más el sentimiento que la realidad mexicana era más grande que la armazón intelectual que había traído de España. Sentía que el lenguaje mismo que hablaba era una red de malla ancha que no podía contener todas las nuevas cosas que veía. Dice que, por no poder nombrarlas, no las expresa: "...y aun por no saber poner los nombres, no las expreso" (52). Cuando describe un templo comenta que no hay una lengua humana que pueda expresar su grandeza o individualidad.

Cortés percibe las formas ideales de una sociedad indígena. Sin embargo, después de contemplarlas, las destruye. Tiene, como todos sus compañeros, un alma formada por las ideas jerárquicas de la Iglesia y del Imperio. La obediencia a la Iglesia y al Imperio le da a su alma la agudeza de una espada, con la cual corta los nudos que su admiración había atado más temprano. La primera señal por desacato de parte de los indígenas es una actitud de "nosotros los españoles" y "esos los indios" la cual reduce el resplandor moral de sus cartas pero no el valor de su prosa evocativa (Bell 367). Es un hombre audaz que exige el vasallaje de todos los indígenas y su conversión inmediata al catolicismo. Decreta y amenaza. Si los aztecas consienten, habrá paz; si éste no es el caso, Cortés tortura, asesina, quema y mata. Adelanta intrépidamente, amistoso con los sumisos, terrible con los rebeldes (Clendinnen 93). Como Cortés relata, no obstruye la imagen de los indígenas interponiendo su propia personalidad masiva. Al contrario, si simpatizamos con los indígenas mientras leemos la crónica es en parte por el tratamiento simpático de Cortés. Los presenta temorosos y confundidos. A veces los indígenas recurren a la diplomacia o la conspiración; a veces son escandalizados o desdeñosos, resueltos a desembarazarse a toda costa de esos españoles que con sus caballos, su pólvora y su armadura, no se retiran. Cuando los indígenas finalmente pelean, Cortés pone palabras en sus bocas que justifican su guerra contra los españoles. Cortés no es sincero en sus intentos que propone en sus *Cartas* al Emperador, y si hay algo que les falta, es la franqueza. Pero si no revela la verdadera mentalidad de los indios no es por su insinceridad, sino porque no puede concebir la mentalidad azteca.

Después de destruir la cultura indígena, Cortés empieza a establecer una colonia. En su cuarta carta señala los defectos de la colonización española, específicamente el fraile desmerecedor y el encomendero rapaz. El tono refrenado de sus *Cartas* no es tanto un reflejo de su disposición como lo es de su habilidad (Mizhari 102). Es un líder irascible, como Bernal Díaz del Castillo nos dice, cuyas venas de la sien se hinchaban durante sus disputas frecuentes. Pero, como la mayoría de los líderes, sabe controlarse y dominar con palabras frías. Y esto es como se nos revela en sus *Cartas*— arrogante, con la prepotencia de alguien que tiene una fachada. Es como un César, pero más como Borgia que Julio (Anderson-Imbert 42). Además, Cortés tiene algo de poeta según Bernal, sabe latín muy bien y puede conversar con buena retórica.

## Las *Cartas*

El documento más importante de la época llevado a España fue la carta de la nueva municipalidad de Veracruz que fue dirigida a Carlos V. Esta carta, la que comúnmente reemplaza la primera carta 'perdida' de Cortés, revela bien su personalidad y no hay duda que Cortés la dictó. Por eso debemos leerla como la escribió. Es decir, debemos leerla como un excelente ejemplo de una alegación social cuyo propósito es justificar un acto de rebelión y evaluar las reclamaciones que Cortés hace contra las de Velázquez, el gobernador de Cuba. Cortés no quería mandar esta carta porque habría proporcionado evidencia contra él. Necesitaba persuadir a Carlos V que rompiera relaciones con Velázquez porque éste no quería que hubiera colonización.

Cortés escribió la primera carta en la Villa Rica de la Veracruz; está extraviada y no ha sido encontrada aún. Se tiene certeza de su existencia, pues hablan de ella el propio Cortés en la segunda carta, y Bernal Díaz del Castillo y Francisco López de Gómara. Gracias a las investigaciones del escocés William Robertson, se suple esta carta con la del Cabildo, la que está en un códice en la Biblioteca Imperial de Viena; llamado *Carta de la Justicia y Regimiento de la Villa Rica de la Veracruz, a la reina doña Juana y al emperador Carlos V, su hijo, el*

*10 de Julio de 1519*. En ella, Cortés informa sobre el establecimiento en América del primer Ayuntamiento, semejante a los que había en España, y se habla de los primeros descubrimientos de la tierra firme. Se pone énfasis en el afán de Cortés por servir a los reyes y en lo que para tal propósito se había gastado. Se pide, asimismo, que se le otorgue autorización para mandar en la empresa: "supliquemos a vuestra majestad que provean y manden dar su cédula o provisión real para Hernando Cortés...para que él nos tenga en justicia y gobernación" (19). En esta primera carta, se maneja hábilmente, además, la desobediencia de Cortés hacia Velázquez.

Aunque Cortés insiste en proporcionarnos una relación "verdadera", hace patente una gran capacidad de suprimir evidencia y distorsionar. No presta mucha atención a las expediciones de Hernández de Córdoba y de Grijalva (dos rivales). Por otra parte Cortés ignora el hecho de que Grijalva hubiera tomado posesión formalmente de Veracruz. La carta no pierde ninguna oportunidad de volver negra la reputación de Velázquez, movido más por la avaricia que cualquier otra pasión: "Sabido esto por el dicho Diego Velázquez, movido más a codicia que a otro celo,..." (6). Cortés también añade que la contribución financiera de Velázquez para la expedición de Cortés fue insignificante. La denigración de Velázquez sirve para hacer hincapié, por contraste, en la lealtad y los altos ideales de Cortés. Por supuesto Cortés quiere presentarse como alguien que está decidido a servir a Dios y al rey extirpando idolatría, convirtiendo a los idólatras en cristianos, y conquistando nuevas tierras ricas para la Corona de Castilla. Al mismo tiempo, Cortés implica que desobedeció las instrucciones de Velázquez sobre la cuestión de establecerse en México a causa de la voluntad popular de su ejército (Sotomayor 65). Son los soldados los que quieren convertir la expedición de comercio en una empresa militar con la meta de colonizar. Son ellos que exigen un cambio de plan. Cortés acepta la demanda de ellos después de pensarlo mucho porque cree que ésta es oportuna para el interés real.

Después de ofrecer esta explicación distorsionada del establecimiento de Veracruz, la carta habla de las riquezas alegadas del país y de las costumbres de sus habitantes. El propósito de esto es a) apelar a la avaricia de Carlos (una apelación reforzada hábilmente por los tesoros de Moctezuma) y b) apelar a su obligación religiosa. Es decir, Dios y el Papa confían en Carlos con el deber de convertir a la nueva gente en cristianos. Pero el clímax verdadero de la carta viene después de la descripción de México y los mexicanos, y consiste en una apelación directa a Carlos pidiéndole que no dé licencia ni poderes judiciales a Velázquez y que si ya se los ha dado, debe revocarlos:

>...que en su nombre, que en su nombre de todos suplicásemos a vuestras majestades que no proveyesen de los dichos cargos ni de alguno de ellos al dicho Diego Velázquez, antes le mandasen tomar residencia y le quitasen el cargo que en la isla Fernandina tiene,... (Cortés 19)

Cortés concluye la carta con una denunciación final del gobernador de Cuba como un hombre tan malo que es incapaz de recibir el favor de la corte real. La primera carta, entonces, es esencialmente un documento político que habla por Cortés en nombre de su ejército y que tiene la intención de apelar directamente a la Corona sin consultar a Velázquez ni a sus amigos en el Concilio de las Indias.

Es durante los meses de otoño de 1520, mientras Cortés se prepara para el asedio y la reconquista de Tenochtitlán que escribe la segunda carta. La segunda carta es, de todas ellas, la más dramática e interesante, y en ella describe por primera vez las maravillas de México. Comienza con el gesto valiente y definitivo de la destrucción de las naves, y a lo largo de toda ella se percibe un espíritu de Cruzada en la tarea de conquista, una justificación basada también en móviles renacentistas (el saber, la fama, la valentía). En esta misma carta se pone de manifiesto la preocupación de Cortés por asegurar para la Corona la sumisión y el vasallaje de los naturales de Nueva España (Vidal 50).

Esta carta, como su predecesora de Veracruz, es más o menos una narración que no se desvía de su intención, el cual es esencialmente, un propósito político (Vidaurre 30). Hay tres consideraciones principales que influyen a Cortés mientras la escribe. En primer lugar, no sabe que cuál ha sido la decisión (si hubiera una) respecto a su petición para una autorización retrospectiva de su conducta anormal. En segundo lugar, Cortés había ganado un nuevo imperio para Carlos y había oído las noticias de la elección de Carlos al trono imperial. Finalmente, aunque Cortés había ganado este nuevo imperio, ya había comenzado a perderlo. Por eso su carta tiene que introducirse con maña para sugerir que, a lo más, ha sufrido un impedimento temporal (el cual se podía atribuir a sus soldados), y que pronto estará en posición de dar nuevos servicios a un rey que se ha hecho el monarca más poderoso del mundo.

Tomando en cuenta estas consideraciones, Cortés escribe su carta para transmitir un tema que es principalmente "imperial". El primer párrafo contiene una alusión elegante al nuevo imperio en Alemania, la cual se une con una referencia al segundo imperio al otro lado del Atlántico, de lo cual Carlos también es emperador:

> Porque he deseado que vuestra alteza supiese las cosas de esta tierra, que son tantas y tales que,como ya en la otra relación escribe, se puede intitular de nuevo emperador de ella, y con título y no menos mérito que el de Alemania, que por la gracia de Dios vuestra sacra majestad posee. Y porque querer de todas las cosas de estas partes y nuevos reinos de vuestra alteza decir todas las particularidades y cosas que en ellas hay y decir se debían, sería casi proceder a infinito. (25)

Esta referencia establece el tono para el resto del documento. El hecho de que Cortés ya no sea en este momento el que tiene el supremo mando del imperio mexicano no le resulta cómodo, pero Cortés intenta ignorarlo. La tesis de la carta es que Carlos ya es el emperador legal de este nuevo imperio, y que Carlos pronto le recobrará lo que es justamente suyo (Glantz "Ciudad y Escritura..." 168).

El relato entero de la marcha a Tenochtitlán y la encarcelación de Moctezuma se narra de tal manera que apoya esta tesis general. Se representa a Moctezuma, por sus hablas y sus acciones, como un hombre que reconoce voluntariamente la soberanía de Carlos V y que con su libre albedrío rinde su imperio a Carlos. Nunca sabemos si Moctezuma hablaba como Cortés dice. Ciertos pasajes y en particular la identificación de los españoles con los antiguos líderes de México que eran desterrados de su tierra injustamente, pueden reflejar creencias o leyendas que Moctezuma pudiera haber aceptado (Berler 39). No importan los orígenes, el cuento de la vuelta esperada de los señores del este es esencial al gran plan de Cortés porque le permite alegar y explicar una sumisión "voluntaria" de Moctezuma y la transferencia "legal" de su imperio al rey legítimo, Carlos V:

> ...y también creo [habla Moctezuma] que de vuestros antecesores tenéis memoria como nosotros no somos naturales de esta tierra, y que vinieron a ella de muy lejos tierra, y los trajo un señor que en ella los dejó, cuyos vasallos todos eran. El cual volvió dende ha mucho tiempo y halló que nuestros abuelos estaban y poblados y asentados en esta tierra, ...y él se volvió, y dejó dicho que tornaría o enviaría con tal poder, que los pudiese costreñir y atraer a

su servicio... Y mucho os ruego, pues a todos es notorio todo esto, que así como hasta que a mí me habéis tenido y obedecido por señor vuestro, de aquí adelante tengáis y obedezcáis a este gran rey, pues él es vuestro natural señor, y en su lugar tengáis a este su capitán; y todos los tributos y servicios que hasta aquí a mí me hacíades, los haced y dad a él, porque y asimismo tengo de contribuir y servir con todo lo que me mandare; y demás de hacer lo que debéis y sois obligados, a mí me haréis en ello mucho placer. (49)

La tercera carta trata sobre el avance de Cortés a la capital, la salida de ella en la "Noche Triste", el sitio y la toma de Tenochtitlán, y su afán de explorar el territorio de la hoy República Mexicana. El tono de esta carta deja de ser admirativo y cordial; en ella Cortés se muestra violento y autoritario, aunque no deja de presentar al enemigo con toda la grandeza y el valor que en justicia le mereció (Anguiano 82). Cortés rinde homenaje sincero a los aztecas, alabando no sólo su orgullo y su estoicismo, sino su inteligencia ("y es gente de tanta capacidad que todo lo entienden y conocen muy bien").7

Aunque hay problemas para Cortés, la tercera carta lo deja en claro que Cortés puede enfrentarse con la situación y sobrepasarla. Cristóbal de Tapia, un inspector real en Hispañola, llega en 1521 para apoderarse del gobierno de Nueva España y, si es posible, arrestar a Cortés y mandarlo a España. Cortés evita una reunión personal con Tapia puesto que Tapia le va a dar un decreto de prisión. Cortés envía a Fray Pedro de Melgarejo para reunirse con Tapia. No había duda que el franciscano iba a darle un soborno apropiado a Tapia. A la vez Cortés tiene el mismo recurso que empleó al principio de la conquista y arregla otra aserción "espontánea" de la voluntad popular. Los representantes de las municipalidades de Nueva España, reforzados para la ocasión y estableciéndose rápidamente un nuevo pueblo de Medellín, se unen con Tapia en Campoal el 24 de diciembre de 1521. Emprenden el procedimiento castellano y tradicional de "obedecer pero no cumplir". Con el honor intacto por los dos lados, Tapia sale en el próximo barco a la Española como un hombre más sabio y sin duda más rico (Benítez 258).

La intervención de Tapia proporciona en la tercera carta de mayo 1522 una excusa de criticar severamente a Tapia tal como criticó a Narváez en la segunda carta. Mientras tanto la carta relata en gran detalle el asedio y la conquista de Tenochtitlán. Cortés también toma la oportunidad para calumniar por implicación a todos los oficiales que ponían su propio interés antes de el del emperador

(Murray 75). Apenas es necesario contrastar la conducta de ellos con la de Cortés, quien no solamente ha conquistado un imperio para Carlos, sino quien le ofrece otra visión de riquezas fabulosas, es decir, una visión de Indonesia y China. La cuarta carta está fechada en Tenochtitlán, el 15 de octubre de 1524, y no ha tenido la amplia difusión de las dos anteriores. En ella se habla principalmente de la organización, desarrollo y crecimiento de la nueva colonia. Cortés se destaca ampliando el área territorial que dominaban los aztecas, y haciendo patente la unidad de México, Guatemala y Honduras en la primera mitad del siglo XVI. Se anuncia también en esta carta el interés de Cortés por seguir explorando el territorio conquistado: "Asimismo pienso enviar los navíos que tengo hechos en la mar del Sur..." (47). Se alaba la belleza de la ciudad de México: "puede creer vuestra sacra majestad que de hoy en cinco años será la más noble y populosa ciudad que hay en lo poblado del mundo, y de mejores edificios" (52).

Las noticias terribles de la traición de Olid ayuda a explicar la amargura de la cuarta carta de Cortés. Cristóbal de Olid tenía la tarea de ocupar Honduras. Olid, un viejo partidario de Velázquez, salió de México para La Habana en enero de 1524 para conseguir más tropas. En Cuba se encontró con Velázquez, a quien se le acercaba el fin de su vida, y fue persuadido a desafiar a Cortés, como Cortés había desafiado al gobernador de Cuba. Después de llegar a Honduras, Olid deniega la autoridad de Cortés. Parece que Velázquez, por fin, ha obtenido su venganza.[6]

Así Cortés, después de tantos años de espera, al fin, obtiene la autoridad que pensaba era justamente suya, pero se encuentra traicionado por uno de sus propios capitanes que fue influido por su viejo enemigo, Diego Velázquez. La ironía de la situación empeora la traición. Una amenaza bastante imprudente de mandar una fuerza a Cuba para arrestar a Velázquez acompaña las nuevas denunciaciones de Velázquez en esta carta: "Diego Velásquez ... porque cortando la raíz de todos males, que es este hombre..." (170). No hay nada que pudiera haber alarmado más a los miembros ya nerviosos del Concilio de las Indias. La propuesta de Cortés de aplicar la ley por mano propia y perseguir una vindicación al nombre real solamente se consideraba como evidencia conclusiva del peligro de dejar a Cortés en su posición de poder. La reacción del emperador era predecible. Un juez de residencia especial fue nombrado en 1525 para visitar Nueva España y llevar a cabo una investigación completa sobre las actividades de Cortés.

La amenaza de arrestar al gobierno de Cuba no es la única decisión equivocada que Cortés toma después de recibir las noticias de la traición de Olid. Francisco de las Casas, el cuñado de Cortés, va a negociar con Olid y aquél prende a éste. Cortés, exasperado, decide dirigir a un grupo de soldados bajo su propia autoridad para tratar con su capitán insubordinado.

Entre la cuarta y la quinta carta hay un espacio de casi dos años y está fechada el 3 de septiembre de 1526, en Tenochtitlán. En ella Cortés habla de su expedición a Honduras, de la llegada a México de Luis Ponce de León, juez de residencia y de la muerte de éste. Cortés se justifica ante el monarca y le asegura fidelidad y sumisión. Le recuerda que envió el quinto real de cuantas riquezas obtuvo, y pugna por defender su buen nombre tanto como sus derechos.

La expedición hondureña, la cual proporciona el tema de la quinta carta, es una saga extraordinaria de heroísmo y sufrimiento. Cortés sale de la experiencia vivo, pero como un hombre diferente y en algunas maneras parece derrotado. Una intensidad exaltada y religiosa penetra la carta, como si Cortés, de pronto, fuera consciente de la debilidad del hombre al enfrentarse con una Providencia que estaba (pero ya no está) a favor de él. El Cortés que llega a la orilla de Veracruz el 24 de mayo, 1526, tan flaco y débil que la gente tiene dificultad en reconocerlo, contrasta con el gobernador arrogante que había salido en una procesión triunfante hacia año y medio.

Lleno de amargura por no obtener el reconocimiento que cree que merece, Cortés decide dirigirse directamente al rey para buscar la reparación. Salió de México para España en marzo de 1528, y la Corte española lo recibió con una recepción magnífica. Le otorgó el título de Marqués del Valle de Oaxaca y el emperador le confirió muchos vasallos e inmensas propiedades. Pero Carlos no volvió a nombrar a Cortés como gobernador de Nueva España. Cuando Cortés regresó a México en 1530, volvió sin oficio o autoridad especial, y observó que los oficiales reales trataron de ignorarlo. En el estado burocrático español que se estaba construyendo encima de las ruinas del imperio de Moctezuma, no había espacio para el conquistador de México. En 1547 se fue a España donde vivió siete años más como un hombre frustrado y desilusionado (Martínez 36). Cortés había jugado el juego según las reglas, pero la Corona Española las había establecido. Cortés, que había dedicado tanto tiempo y atención en estudiarlas, había descuidado el hecho más importante, es decir, que es muy probable, al fin y al cabo, que los que inventan las reglas, ganen el partido.

## Capítulo II

**La Conquista de México:
Bernal Díaz del Castillo y la
*Historia Verdadera de la Conquista de Nueva España***

Bernal Díaz del Castillo, que fue uno de sus soldados, reconoció el valor, la eficacia y la dignidad de Cortés, pero agregó a la noción de héroe la noción de masa. No disminuye a Cortés: lo rodea de su gente, lo humaniza, lo hace mover y hablar con los gestos de común, y así surge otra historia de la conquista de Nueva España, no la verdadera, pero la más colorida.
Enrique Anderson-Imbert

### Introducción

Son pocos los datos biográficos que se tienen de Bernal Díaz del Castillo (1492?-1585). Nació en Medina del Campo, Valladolid y fue hijo del regidor de esa ciudad. A los veintidós años llegó a América con deseos de aventuras y espíritu cristiano, como simple soldado en la armada de Pedrarias Dávila, quien fuera gobernador del Darién, hoy Panamá. Se puso después a las órdenes de Juan de Grijalva antes de ir a Nueva España con Hernán Cortés.

Bernal Díaz no realizó ninguna hazaña extraordinaria, pero fue un soldado valeroso y leal. En 1535 se casó con Teresa Becerra, hija de un conquistador de Guatemala; se supone que allí se trasladó Bernal Díaz después de 1539, donde obtuvo el cargo de regidor de la ciudad de Santiago. Hizo dos viajes a España, a reclamar encomiendas, pues se sentía con derecho a ello por ser viejo conquistador. Aunque no lo logró, en 1557 se le nombró fiel ejecutor por un año (Alvar 127).

Ya viejo escribió su *Historia Verdadera de la Conquista de la Nueva España*, motivado posiblemente por el afán de dar a conocer la verdad de los hechos de la Conquista, rectificando a Francisco López de Gómara, quien había atribuido todo el mérito de la empresa a Cortés. En su *Historia General de las Indias*, Bernal Díaz reivindica la participación de los que, como él, siendo simples soldados, fueron puntal y apoyo en tan magna obra. Escribió *Historia Verdadera de la Conquista de Nueva España* entre los años de 1557 y 1580. En 1568

# Clásicos de la Literatura Hispanoamericana

tenía casi toda la obra hecha, aunque no alcanzó a verla publicada y apareció póstuma. Consta de 214 capítulos, en los que se narra de qué manera los españoles llegaron a las costas mexicanas, cómo conquistaron el imperio azteca y se apoderaron de las tierras que van desde California hasta Guatemala. La lectura de la *Historia Verdadera de la Conquista de la Nueva España* y su estudio nos llevan a creer que lo que animó al castellano a escribir fue un deseo de gloria y a la vez una situación de insatisfacción. Bernal Díaz quiere mostrarnos un Bernal Díaz que no fue. En esta sección me dedico a tratar dos temas principales: el del valor literario de la *Historia Verdadera de la Conquista de la Nueva España* y el del sentido épico de la obra.

### El Valor Literario de la *Historia Verdadera*

La obra de Bernal Díaz del Castillo posee un interés extraordinario y debe ser considerada con atención al estudiar la literatura hispanoamericana. En esta fabulosa crónica Bernal Díaz describe una hazaña heroica de la que se han abastecido los historiadores, pero al mismo tiempo crea una épica de gran calidad literaria. Los personajes históricos han sido recreados por la imaginación del autor, que nos da una visión literaria (Glantz *Borrones y Borradores* 67). Podrán estar más o menos cerca de la realidad, no importa, pero con ellos compartimos un mundo real que es a la vez maravilloso.
   Bernal Díaz es un creador de fantasías y un autor literario. Fantasía y realidad se mezclan en su libro (Merrim "The Apprehension of the New..." 166). Díaz ve la campaña de Cortés con ojos alucinados, o sea, con ojos poéticos. Cuando escribe su obra se ha olvidado de la realidad mezquina, de la verdadera dimensión de los acontecimientos. Para llegar a esta actitud muchas circunstancias históricas le ayudan. Dos culturas en diferentes momentos de evolución se han enfrentado de repente, sin conocerse. Los españoles pensaron que era un mundo de maravilla aquel que se les ofrecía. Los indígenas concluyeron que era la decisión de los dioses, el hecho de que aquellos poderosos seres de piel blanca los sometieran. Al no comprender lo que sucedía crearon la leyenda y dejaron a la fantasía que diera sus razones (Cascardi 92). Esta situación iba a ayudar a Bernal Díaz a crear una épica.
   Los resultados de estas luchas fueron también desproporcionados, toda fue una utopía hecha realidad (Leonard *Los libros del conquistador* 51). Nada menos que el hallazgo de un rico continente que iba a salvar la vacilante economía de España.

Para Hernán Cortés y sus hombres significaba nada menos que el encuentro de una Nueva España, cuya extensión era varias veces mayor que el país original. La fábula tenía que ayudar a explicar semejantes acontecimientos (Merrim "The First 50 Years..." 79). Bernal Díaz fue, es cierto, un aventurero. Esto no disminuye sus cualidades. Fue un soldado de fortuna, que creyó ver no muy recompensados sus esfuerzos y trabajos. Un insatisfecho, Cortés, su capitán, era el hombre más rico de América, y Bernal Díaz, que había llegado con él, y que incluso había estado en dos expediciones anteriores en las costas mexicanas, no pasaba de tener unas encomiendas fructíferas, sí, pero como otros muchos las tenían, que habían llegado después y carecían de sus méritos. Bernal Díaz era hombre de buena palabra, hábil conversador y de claro ingenio. Sus compañeros y amigos le tenían en tal reputación.[10] Consciente de su habilidad, quiso componer y presentar un memorial de méritos y servicios que le pudiera favorecer con mejores repartimientos y se puso a la faena, tal como lo pensó. Más de treinta años habían transcurrido desde las famosas jornadas, cuando se había conquistado el imperio azteca, pero Díaz tenía una feliz memoria, y en cuanto se puso a escribir veía claramente los episodios vividos. Como quiso resaltar su personalidad, tuvo que enaltecer la fama de los capitanes que intervinieron en la conquista y la de los otros soldados. Bernal Díaz sintió afición por su nuevo menester. Estaba creando la historia y, a pesar de estar en el lindero de la vejez, no le falló la memoria.[11] Los críticos Ramón Iglesia y Joaquín Ramírez Cabañas hacen mención de su espléndida facultad. Al comienzo de la obra, Díaz dice que tenía "más de 84 años" cuando concluyó su relación.

Pero, fijémonos bien que así no se hace una obra de historia moderna. La historia no se recuerda. La historia es fruto de documentación y raciocinio. El que Bernal Díaz participara en la Conquista no le ayuda más que en el interés que pudiera tener en el asunto (Murray 76). Lo que importa es la recopilación de datos. Bernal Díaz se equivoca de los nombres de los lugares y de los jefes indígenas. Los escribe de diferente manera en su propio texto. Mezcla los hechos esenciales con las anécdotas sin importancia (Cortínez 267). Bernal Díaz revive la historia que vivió, la recrea. Sus personajes están muy bien diseñados, especialmente Cortés y Moctezuma, porque tienen traza literaria. Es que Bernal Díaz, nos da su idea, su imagen—una imagen agrandada y redondeada por los años. Da importancia a los detalles nimios que históricamente no son necesarios. Es que Bernal Díaz ha hecho literatura. Ha creado todo un mundo literario: "No—dice Ramírez Cabañas—" no es lo que

# Clásicos de la Literatura Hispanoamericana   33

escribió un hilván desteñido de noticias ordenadas cronológicamente, sino una obra de arte de altísimo valor humano" (Díaz del Castillo 24).
La falta de rigor histórico de Bernal Díaz hubo de desagradar a William Prescott, quien incluso se atrevió a opinar sobre el valor literario de la obra de Díaz, negándoselo. Sin embargo, Cunninghame Graham, quien era más literato que historiador nos dice: "No one has written of the man with sympathy for Prescott did not understand him, being weighed down with prejudice and pride, both of religion and of race" (xiii).
El mismo Cunninghame Graham, en su introducción, relaciona la obra de Díaz con el *Quixote*, relación que recogerá Ramón Iglesia en su prólogo a su edición modernizada. He aquí el párrafo del escritor inglés:

Of all the writers on the conquest, either of Mexico or of Peru, he stands the first in broad humanity, a quality which with his vigorous style and terse Castilian speech, make him a personal friend when you have read his book, just in the way that Sancho Panza and Don Quixote are our friends and not mere characters (13).

El texto de la crónica tiene una frescura extraordinaria. Díaz nos ofrece un mundo pletórico de vida y de color. El pequeño detalle anima el relato y la anécdota alegra la descripción. El autor es un hábil observador que tiene la facultad de hacernos ver lo que escribe (Bell 367).
Iglesia no duda en clasificar la obra de Díaz como "uno de los libros más notables de la literatura universal" y añade: "Tiene el don único de saber narrar, de tener una memoria vital tan rica, que evoca sin esfuerzo recuerdos lejanos y les da animación insuperable con la pluma" (7).
Esta manera de vivificar el recuerdo es característica de Bernal Díaz (González Echevarría 18). Tal vez estribe en que cuando la memoria no esté clara se ayude de la invención, invención que puede ser únicamente de matiz, pero que da la pauta literaria. Otras veces, es el detalle impresionante, hábilmente intercalado, el que realza el relato. Pongamos, por ejemplo, el episodio que se describe en el capítulo 163. En breves palabras nos dice que para arribar a una isleta tuvieron que arrojar:

tocinos al agua y otras cosas que traían para matalotaje—y cargan tantos tiburones a los tocinos, que a unos marineros que se echaron al agua a más de la cinta, los tiburones en los tocinos apañaron a un marinero de ellos y le despedazaron y tragaron y si de presto no se volvieron los demás marineros a la carabela, todos perecieran. (Díaz del Castillo 371-372)

Este hecho intranscendente queda vivamente impreso en nuestra imaginación. Díaz sabe captar los momentos de emoción y nos los coloca en el momento oportuno. Veamos otro ejemplo. Los españoles se han internado en terreno mexicano. A pesar de sus manifestaciones de paz, el pueblo tlaxcalteca les ha declarado la guerra. Xicotenga, el joven, con sus huestes, acosa a los extranjeros. Seis mil indios los han atacado bravamente. Esperan la venida de un enemigo mayor. Los ánimos decaen y Díaz escribe: "Y desde que aquello vimos, como somos hombres y temíamos la muerte, muchos de nosotros y aun todos los demás, nos confesamos" (Díaz del Castillo 244).

Sus datos de observación de los detalles se reflejan en su obra. Y así nos dice: que los indígenas tlaxcaltecas recogían sus muertos; que los españoles tenían que alimentarse con "perrillos", porque escaseaban los alimentos; que los aztecas retrataban a los españoles y sus enseres; y llevaban los dibujos a su señor; que se curaban las heridas con "unto de indio muerto", y nos pormenoriza los presentes que los españoles recibían de los indios.

En su estilo se refleja una actitud completamente renacentista de participación y comprensión del mundo artístico. Muchas veces se diría que hay una técnica pictórica en su manera de escribir. Para el entendimiento de la figura de Bernal Díaz debe ser consultado un interesantísimo párrafo de su *Historia Verdadera*:

Y más digo que si como ahora lo tengo en la mente y sentido y memoria, supiera pintar y esculpir sus cuerpos y figuras y talleres y maneras y rostros y facciones, como hacía aquel muy nombrado Apeles o los de nuestros tiempos Berruguete y Miguel Ángel, y el muy afamado Burgalés, que dicen que es otro Apeles, dibujara a todos los que dicho tengo al natural y aun según cada uno entraba en las batallas y el gran ánimo que mostraban. (Díaz del Castillo 286-287)

Otro momento de gran calidad es la narración de cómo subió Diego de Ordaz al volcán Popocatépetl. Quizá esta admiración por el color y lo exótico sea lo que le lleve a describir animales como el quetzal (347) o la serpiente de cascabel (348).

Basados en las protestas de ignorancia que Bernal Díaz hace, se

# Clásicos de la Literatura Hispanoamericana

ha supuesto la incultura de este escritor. Esta creencia encajaba muy bien con la idea del soldado de aventura (Brody 115). Sin embargo, vale la pena tenerse presente el hecho de que Bernal Díaz fue hijo del Regidor de Medina del Campo, importante ciudad en aquella época, con lo que ha de suponerse que alguna enseñanza recibió. Había leído algún clásico latino como Julio César. Conocía la historia de Roma y la tenía muy presente, como se prueba en la anécdota que nos cuenta de Cortés, cuando Cuauhtémoc fue hecho prisionero. En cierto momento, dice que sus compañeros y él habían emulado y aun sobrepasado las hazañas de los romanos:

> Y a lo que, señores, dezía, que jamás capitán romano de los muy nombrados han acometido tan grandes hechos como nosotros, dizen verdad. E agora y adelante, mediante Dios, dirán en las istorias que desto harán memoria mucho más que de los antepasados. (Díaz del Castillo 70)

Entre los grandes capitanes de la historia antigua cita a Alejandro de Macedonia, Aníbal, a Mario y a Sila, a Julio César y a Pompeyo. Aunque no había estado en la universidad, poseía una cultura aceptable.

Bernal Díaz tenía un gusto literario aprendido. Conocía parte del romancero. Cita el famoso: "Mira Nerón de Tarpeya / a Roma como se ardía" (214). También cita el romance: "Cata Francia, Montesinos; / cata París, la ciudad: / Cata las aguas del Duero / do van a dar en la mar" (155). Recoge el hermoso romance: "En Tacuba está Cortés" (213).

Con una actitud muy renacentista, personifica a la Fama,[24] que ensalza los méritos de los conquistadores. El tema de la Fama que describe las cualidades de un personaje histórico es muy usual en los siglos XV y XVI en la literatura española.

Su sabor literario no puede ponerse en duda. Sobre la conveniencia de estar escrita la Conquista dice: "Y aun con letras de oro había de estar escrito. ¿Quisieran que lo digan las nubes o los pájaros que en aquellos tiempos pasaron por alto?" (265).

Por su actitud, la obra está dentro de la corriente popular española de literatura, a la que pertenece el *Lazarillo de Tormes* y el *Don Quixote*. Ramírez Cabañas dice: "que es la forma literaria lo que seduce, quizás porque recuerda esa manera popular de narrar aparentemente fácil, fluida, sencilla, y en el fondo complicada y compleja" (Díaz del Castillo 9). Manera de escribir muy española que entronca con los grandes maestros de la literatura.

Hay un aspecto sobre el que quisiera llamar la atención. A veces, el autor de la *Historia Verdadera*... nos muestra una regocijada contemplación de la naturaleza, con un fervor casi religioso (Alvar 78). Tal es el caso de las descripciones de las huertas de Tenochtitlán. Añadamos el afán de hacer alardes de humildad de lo poco que sabe, de que no "era latino", de que es un "idiota y sin letras"; y la repetición de frases como "digo que yo no sé escribir", actitud que contrasta con las bravatas y jactancias de otros momentos. Tal vez fuera Bernal Díaz amigo de lecturas devotas, de donde imitara esta manera literaria de protesta de ignorancia (Vidal 106). Libros como el *Vergel de Oración*, del agustino Alonso de Orozco, debían ser muy conocidos. Tal vez esta clase de lecturas pudieran haberle influido. Veamos un párrafo de Díaz, relativo a lo dicho:

> Y desde que el capitán Sandoval se vió libre de aquellas refriegas dió muchas gracias a Dios y se fué a reposar, y dormir a una huerta que había en aquel pueblo, la más hermosa y de mayores edificios y cosa mucho de mirar, que se había visto en la Nueva España, y tenía tantas cosas de mirar, que era cosa admirable y ciertamente era huerta para un gran príncipe. (181)

Cunninghame Graham nos da un juicio de la manera de escribir de Díaz:

> His style is nervous, and though occasionally involved, remains after so many hundred years a well of pure Castilian, into which when you let down a bucket, it comes up, filled with good water, still sparkling, after the elapse of time. (ix)

El estilo de Díaz es fácilmente reconocible. Se vale a menudo de la conjunción copulativa ("y"), los adverbios temporales ("luego"), lo que le da cierta rigidez primitiva. Para enlazar un período con otro utiliza una serie de expresiones que están esparcidas por todo su libro, y que le dan una monotonía y sabor arcaico, pero que no le quitan la gracia y la ingenuidad, sino que diría más bien que se la aumentan (Bernal 105). Estas expresiones son:

> Y dejaré esta plática y diré...; antes que más meta la mano en lo de X, quiero decir...; dejaré esta materia y diré...; y porque estoy harto de escribir sobre esta materia, y más lo están los curiosos lectores, lo dejaré de decir, y diré...;

pasemos adelante y digamos...; para que gasto yo tantas palabras de X, porque es para acabar tan presto de contar por menudo todas las cosas, sino...; dejemos de hablar en esto y digamos...; dejemos esto y digamos ya...; dejemos esto y tornaremos a decir...; dejemos por ahora de contar de X y volvamos, etc....

Otro rasgo característico es el de dirigirse directamente al lector. En conclusión, por lo dicho hasta aquí, podemos afirmar que se lee a Díaz con el mismo gusto con que se platica con un amigo.

### El Sentido Épico de la *Historia Verdadera*

Meditando sobre la obra de Díaz y analizándola, he llegado a la conclusión de que una obra de su índole plantea un serio problema literario: el de la revisión de la epopeya y su definición. La *Historia Verdadera*..., por la manera en que está solucionada y resuelta exige un lugar en el género de la épica americana.

Horacio resumió la épica diciendo "res gestae regumque ducumque et tristia bella", o sea "los logros de reyes y generales y guerras amargas". A esta definición general se han añadido muchas otras. Resumiéndolas, he aquí los elementos principales de este género: se narran las hazañas de los héroes del poema. Estas hazañas están dirigidas por un motivo: en el caso de la *Ilíada*, la furia de Aquiles; en el de la *Odisea*, el regreso a la patria. El narrador que cuenta la historia en tercera persona se detiene morosamente en el relato como si estuviera sometido a un "tempo lento". Friedrich von Schiller precisó en una carta a Johann Wolfgang Goethe esta actitud: "La meta del poeta épico reside ya en cada punto de su movimiento; por eso no nos precipitamos impacientes hacia un fin, sino que nos demoramos con amor a cada paso" (Kayser 229).

Es de tener en cuenta el sentido de coordinación de los hechos hasta el punto de tener independencia. Los protagonistas han de ser reyes o príncipes o personajes extraordinarios, capacitados para llevar a cabo hazañas. Hay un héroe mayor junto al que los otros héroes se agrupan, también un antihéroe con el que ocurre lo mismo. Las hazañas que acometen son heroicas, y por ello representan graves penalidades y terribles peligros. Hay un elemento realista, a veces cruento, en el detalle y un elemento idealista que realza el valor de la acción. El elemento ficticio o idealista de la acción está en la descripción de los dioses que ayudan a los mortales y que intervienen directamente en sus problemas. Evidentemente los hechos de los héroes están vistos con lentes de aumento y la exageración es esencial para la elaboración de la épica. La dosis de exageración determinará la clase de épica a que pertenezca el poema. La épica otorga a un país un certificado de nacionalidad, de conciencia de pueblo (Durán 800). Debido a la importancia de los sucesos que narra, se estructura en verso, como debían ser contadas las acciones de los príncipes: "Bajo la impresión de desastre, de la ruina, en una palabra, de la altura de la caída, la narración se hace fácilmente impresionante y homogénea en cuanto a la disposición íntima" (Kayser 240). Esto es en cuanto a la definición general de la epopeya. Pero el hexámetro majestuoso de los griegos se corrompe en las lenguas romances o germánicas en la baja Edad Media. *La Chanson de Roland*, el *Nibelungenlied* o el *Poema de Mío Cid* nos ofrecen una versificación irregular, y en el caso del poema español, muy cercana a la prosa.

Cuando en el siglo XVI se da en América una circunstancia favorable para el renacimiento de la epopeya, la técnica se encuentra en un momento de debilitamiento. En Italia Ludovico Ariosto y Luigi Pulci han visto el aspecto irónico del género. Han extremado la exageración y han extinguido el elemento sobrenatural, limitándolo a lo increíble. Han codificado la épica en octava real y en verso endecasílabo. Bernal Díaz del Castillo, sin proponérselo, quizá sin saberlo, nos ofrece una epopeya en prosa.

Parece que los españoles que van a América padecen de una alucinación colectiva. Ven palacios donde hay casas de adobe, ejércitos donde sólo se encuentran agrupaciones de indígenas, maravillosas hazañas donde hubo escaramuzas. En las mentes de los capitanes están vivas y recordadas las lides de una literatura hazañosa. Éste se acuerda de *Amadís de Gaula*; aquél, de *Palmerín de Inglaterra*. Ocurre que han descubierto un mundo nuevo y no saben cómo medirlo. La realidad histórica de aquel momento está rodeada de maravillas. Los cronistas pintan lo que ven y lo que oyen, y así se crea un nuevo género o una nueva modalidad del género: la épica americana en prosa.

En el caso de Bernal Díaz se trata de la epopeya de la conquista de México. El motivo de la narración, la ambición. Se describen las hazañas del héroe Hernán Cortés y de sus compañeros. Leyendas y mitos se entretejen con las belicosas acciones. Los españoles, según la creencia de los indígenas, podrían ser semidioses o *teules*. Estaba escrito que Quetzalcóatl había dicho que los hombres blancos, hijos de Dios, vendrían y dominarían el país. Así, en este medio ambiente mítico, los dioses de los aztecas, Huitzilopochtli y Tezcatlipoca, ayudarán a éstos, y Jesucristo, Santiago y la Virgen María, a los españoles.

## Clásicos de la Literatura Hispanoamericana

En la obra de Díaz los héroes españoles son Hernán Cortés; Pedro Alvarado, "Tonatio", que quiere decir disco solar; Cristóbal de Olid, "el muy esforzado"; Lares, "el buen jinete", y sigue la larga enumeración, las más de las veces diciendo el cargo que ocupan, o el linaje, o cuáles habían sido sus hazañas allende los mares. Cortés y los elegidos montaban a caballo cuyo conjunto, hombre sobre caballo, era para la mentalidad de los indígenas, un auténtico monstruo, pues no los conocían ni jamás los habían visto. Cortés, al principio de la conquista, se vale de la creencia de los indígenas para amedrentarlos. He aquí lo que ordenó para asombrar a los emisarios de Moctezuma: "Y mandó a Pedro de Alvarado que él y todos los de a caballo se aparejasen para que aquellos criados de Moctezuma los viesen correr, y que llevasen pretales de cascabeles... y todos los indios se espantaron de cosas tan nuevas para ellos" (Díaz del Castillo 162). Díaz nos da los pormenores de estos caballos traídos a México; son alazanes, overos, negros, yeguas rucias.

El mundo de leyenda alcanza también a los españoles. Los conquistadores se creyeron favorecidos y elegidos por Dios para llevar la buena palabra a lo que consideraban un mundo de fanatismo y de ignorancia, el de los ídolos y sacrificios de aztecas, tlaxcaltecas, zapotecas, mixtecas y demás tribus mexicanas.

Reiteradamente se nos explica el proceder de Cortés y sus héroes. Tan pronto como vienen a buenos términos con una tribu—ya por vencimiento ya por persuasión—les conminan a que abandonen el culto de sus ídolos. Tales decretos habían de desagradar a los indios.

Cuando Moctezuma oyó de Cortés la propuesta de abjurar de sus dioses, le dijo desabridamente:

> ...si tal deshonor como has dicho creyera que habías de decir, no te mostraré mis dioses. Estos tenemos por muy buenos, y ellos nos dan salud y aguas y buenas sementeras y temporales y victorias cuantas queremos: y tenémoslos de adorar y sacrificar; lo que os ruego es que no se diga otras palabras en su deshonor. (358)

Ya antes de la Conquista, Cortés había dicho: "Hermanos y compañeros: sigamos la señal de la Santa Cruz con fe verdadera, que con ella venceremos". La Cruz, el emblema de sus tropas, la colocan sobre los *cues* o altares de los indios.

Los españoles llegaron a creer en los poderes sobrenaturales de los dioses indígenas, que eran infernales para los españoles. Indígenas y conquistadores estaban apoyados por sus deidades y espíritus, y la batalla en la tierra era observada cuidadosamente desde los cielos.

Los héroes de Díaz vencen a millares de tlaxcaltecas y a muchos miles de aztecas en México con categoría de héroes renacentistas, cercanos a la caracterización dada por Ariosto en el *Orlando Furioso*, pero sin escapar nunca de los límites de la verosimilitud.

A la manera de la épica hindú del *Ramayana*, los españoles pelean las más veces con un enemigo indeterminado. Sandoval y Alvarado y De Olid luchan con héroes innominados que mueren ante su bravo poder. No ocurre siempre así. Xicontenga, el joven guerrero, adquiere definida personalidad, como también Cuauhtémoc y especialmente Moctezuma.

El héroe central de la *Historia Verdadera* es Hernán Cortés, personaje que tiene como característica principal la prudencia. Es valiente y esforzado; lucha el primero entre sus capitanes; nada le arredra. Sin embargo, es la astucia y la discreción lo que le animan. Hernán Cortés es un Ulises de la épica española. Muchas veces manda a capitanes suyos a los trabajos más aventurados, especialmente a Gonzalo Sandoval, más joven que él y gran guerrero, por el que sentía un hondo aprecio. La táctica de Cortés es la de evitar la lucha siempre que pueda (Boruchoff 121). Trata de convencer a los indígenas de que se le sometan sin derramamiento de sangre, y sólo en última instancia acepta la batalla. Después de cada encuentro manda emisarios de paz para concertar un convenio. Así lo hace con los de Tlaxcala y con todas las otras tribus. Su coraje es innegable. Él es quien dirige su mesnada hasta México, sabiendo muy bien el peligro en que se halla: tierra extranjera, un enemigo abrumador, un imperio azteca bien organizado.

Cortés se preocupa de que a los indígenas vencidos no les roben ni les quiten el maíz. Además, tiene las mayores deferencias para con los prisioneros importantes (Brooks 157). A Moctezuma lo trata con reverencia y tacto. Manda azotar a un soldado que se insolenta en presencia del emperador mexicano. Hace que sus capitanes le saluden al pasar. Él mismo da el ejemplo. Sólo en contadas ocasiones Cortés lleva a cabo severos castigos. Sus justicias son contra la traición. Así ocurre con la matanza de Cholula o el castigo de los capitanes que fueron quemados delante del palacio de Moctezuma por haber atacado a Juan de Escalante.

Cortés es amigo de buenas palabras y de consejos. Sirve de ejemplo la querella entre Gonzalo Sandoval y García Holguín sobre quién tenía más derecho sobre el prisionero Cuauhtémoc. Cortés, entonces, para evitar la riña, les contó un episodio entre Mario y

# Clásicos de la Literatura Hispanoamericana    41

Sila, cuando Sila trajo preso a Yugurta. Con ello los querellantes se apaciguaron. Más tarde fue el mismo Cortés el que recibió el honor de la captura del indígena rebelde teniendo su nombre en las armas. Cortés era amigo de latines y se las daba de buen versificador. Una anécdota que nos cuenta Díaz nos acerca al Cortés hombre. Andaban los soldados descontentos de Cortés, por suponer que éste escondía el oro. Era esto cuando Cortés estaba en Coyoacán y habitaba en unos palacios de blancas paredes. En ellas le escribían motes y metros maliciosos, con lo que Cortés, temperamento apacible, escribió también: "Pared blanca, papel de necios", y al día siguiente obtuvo contestación: "Y aun de sabios verdades, y Su Majestad lo sabrá muy presto" (311); con lo que prohibió se escribiera en dicho lugar.

Uno de los momentos de más emoción es aquel en que Cortés andaba entristecido porque los mexicanos le habían sacrificado a sus dioses dos mozos de espuelas a quienes tenía en estima. Dice Díaz:

> Dejemos de otras muchas pláticas que allí pasaron, y como consolaba el fraile a Cortés por la pérdida de sus mozos de espuelas, que estaba muy triste por ellos, y digamos como Cortés y todos nosotros estábamos mirando desde Tacuba el gran cu de Uichilobos y el Tatelulco y los aposentos donde solíamos estar, y mirábamos toda la ciudad y las puentes y calzadas por donde salimos huyendo; y en este instante suspiró. Cortés con una gran tristeza, muy mayor que la que antes traía, por los hombres que le mataron antes que en el alto cu subiese, y desde entonces dijeron un cantar o romance:
>
> En Tacuba está Cortés
> Con su escuadrón esforzado,
> Triste estaba y muy penoso,
> Triste y con gran cuidado,
> Una mano en la mejilla
> Y la otra en el costado, etc. (213)

La otra gran figura de la *Historia Verdadera* es Moctezuma, que aparece con todos los signos trágicos de su infortunio. Moctezuma fue un emperador culto e inteligente, que reinó de 1502 a 1520, y que hizo todo lo posible por contener la invasión española. Sus creencias religiosas que hablaban de la venida de dioses de piel blanca le impidieron discernir la realidad histórica de su momento. Quiso evitar una guerra en su país y no pudo.

Moctezuma aparece en la obra de Díaz como un personaje gentil, buen político, temeroso de los españoles y al mismo tiempo interesado en ellos. Dio muchas dádivas a los conquistadores y no fue un rey bravo o valiente, sino indeciso e inteligente. Los españoles lo querían mucho—tal es la imagen de Díaz—por su buen carácter y su riqueza y sus regalos. Díaz le tuvo mucha admiración. He aquí un parlamento de Moctezuma:

> Y luego Moctezuma dijo riendo, porque en todo era muy regocijado en su hablar de gran señor: 'Malinche: bien sé que te han dicho esos de Tlaxcala, con quien tanta amistad habéis tomado, que yo soy como dios o teul y que cuanto hay en mis casas es todo oro y plata y piedras ricas; bien tengo conocido que como sois entendidos, que no lo creeríais y lo tendríais por burla; lo que ahora, señora Malinche, veis mi cuerpo de hueso y de carne como los vuestros; mis casas y palacios de piedra y madera y cal; de ser yo gran rey, si soy; y tener riquezas de mis antecesores, si tengo; más no las locuras y mentiras que de mí os han dicho; así que también lo tendréis por burla, como yo lo tengo de vuestros truenos y relámpagos. (341)

El final trágico de Moctezuma se va haciendo patente de una forma gradual. Cuando Cortés le hace prisionero le sobrecoge una extraordinaria melancolía. Bernal Díaz ha sabido decirnos, de una manera muy sencilla y de gran efecto, la muerte de este personaje. En este cantar épico de la conquista del imperio azteca no falta la profecía de un bufón que prevé las grandes hazañas que van a ocurrir. Antes que parta de Cuba Cortés, como capitán de Diego Velázquez, se pronuncia la profecía:

> Y un domingo, yendo a misa Diego Velázquez, como era gobernador íbanle acompañando los más nobles vecinos que había en aquella villa, y llevaba a Hernando Cortés a su lado derecho, por honrarle. E iba delante de Diego Velázquez un truhán que se decía Cervantes el Loco, haciendo gestos y chocarrerías, y decía: 'A la gala, a la gala de mi amo Diego. ¡Oh Diego, oh Diego! ¡Qué capitán has elegido, que es de Medellín de Extremadura, capitán de

# Clásicos de la Literatura Hispanoamericana

gran ventura, mas temo, Diego, no se te alce con la armada, porque todos le juzgan por muy varón en sus cosas!'.... 'Viva, viva la gala de mi amo Diego y del su venturoso capitán, y juro a tal mi amo Diego que por no verte llorar el mal recaudo que ahora has hecho, yo me quiero ir con él a aquellas ricas tierras. (105)

Dentro de este mundo épico, Bernal Díaz puede tratar el tema de una manera irónica. El curioso episodio del intento de pacificación de los pueblos zapotecas y de Zimatlán por Rodrigo de Rangel es un ejemplo. La figura de Rangel es burlesca: "estaba siempre doliente y con grandes dolores de bubas y muy flaco, y las zancas y piernas muy delgadas y todas llenas de llagas, cuerpo y cabeza abiera...era de mala lengua y decía malas palabras" (435). Díaz insiste en la nota cómica para que no haya dudas: "Quiero decir algunas cosas que Rodrigo Rangel hizo en aquel camino, que son donaires de reír" (441).

La aventura de Rangel es una parodia de un episodio épico. Rangel es un antihéroe, un elemento cómico en la obra; un anti-Cortés en algunos aspectos. Era de Medellín y juraba y decía cosas "que tocaban a Castilla y en el Santo Oficio" (442).

La épica se basa en la exageración. En el relato de Bernal Díaz los acontecimientos se agrandan ante los ojos admirados del cronista. Los españoles son superhombres que, guiados por la luz de la Providencia, llevan a cabo hechos maravillosos. Ahora bien, la cantidad de exageración varía. La épica alemana y la francesa tienden a la exageración arbitraria, y el elemento imaginario adquiere un pronunciado desarrollo. *La Chanson de Roland* o el *Nibelungenlied*, especialmente este último, son derroche de imaginación en donde lo inventado enmascara lo real. La leyenda, riquísima de matices, esconde el detalle real y humano. En la épica española no ocurre así. El elemento realista impera. El narrador nos cuenta hechos históricos un poco desvirtuados por la admiración y algunas veces por la leyenda también, pero lo histórico y lo humano permanecen en lo esencial. El *Poema de Mío Cid* se basa en la personalidad de Don Rodrigo Díaz de Vivar, caballero cristiano a quien los moros llamaron el Cid, y que vivió en el siglo XI, que fue desterrado por su rey, que combatió contra los moros y conquistó nuevas tierras para la causa cristiana. En su manera de proceder, el Cid era un hombre fuera de la ley, y aunque él quiso depender de su señor Alfonso VI, ésta era una dependencia nominal no muy bien vista al principio, aunque admitida más tarde. Comparemos todo esto con la situación de Cortés. Se trata de otro aventurero, que se destierra voluntariamente cuando rompe sus lazos de dependencia con Diego Velázquez de Cuba. Es también un hombre de frontera. Los españoles del siglo XVI en América están continuando la actitud medieval de la Reconquista. Cortés también manda riquísimos presentes a Carlos I para congraciarse, pues era un auténtico forajido. La preocupación por el oro y las piedras preciosas de Cortés y sus hombres es similar a la atención económica del Cid y sus mesnadas. El saqueo de México puede ser comparado al de Valencia. Tan épico es el mundo de Bernal Díaz como el del autor del *Poema de Mío Cid*. Las dos obras nacen de una situación histórica similar.

Tal vez se pudiera argüir que con esta manera de ver las cosas podrían incluirse dentro de la épica todas las historias y crónicas medievales y renacentistas, y que esta caracterización de la *Historia Verdadera* como épica literaria podría ser aplicada a muchos otros libros y volúmenes. Hay que advertir que la *Historia Verdadera* es una obra literaria, con valores literarios que otras crónicas e historias no tienen. Se estudia la *Crónica General* de Alfonso X como obra literaria y no el cronicón del Toledano, o las crónicas de Froissart y no la obra de Joshua Barnes. Así también debe juzgarse la obra de Díaz como obra literaria de grandes calidades.

# Clásicos de la Literatura Hispanoamericana

## CAPÍTULO III

### ALONSO DE ERCILLA Y ZÚÑIGA Y *LA ARAUCANA*

Señora Universidad de Chile: Publique esta obra clásica. Señor Ministerio: Imprima de nuevo *La Araucana*. Regálela a todos los niños de Chile en esta Navidad (y a mí también). Señor Gobierno: Funde de una vez la Universidad Araucana. Compañero Alonso de Ercilla: *La Araucana* no sólo es un poema: es un camino.

Pablo Neruda, "Nosotros los indios" en *Para nacer he nacido*

### Introducción

Don Alonso de Ercilla y Zúñiga nació en Madrid en 1533. Al año muere su padre, que había sido preceptor de Felipe II y miembro del Consejo de Castilla. Su madre entró a la corte al servicio de la Infanta María, hija de Carlos V, por lo que el joven Alonso tiene acceso al palacio como paje del futuro Felipe II. Allí recibió una educación con base humanística (latín, griego, literatura), bajo la dirección del humanista don Cristóbal Calvete.

A partir de este momento, la vida de Ercilla transcurre al lado del príncipe Felipe a quien acompañó a Flandes y después a Génova, Milán, Trento, Innsbruck y Munich. Formó parte del cortejo que escotó a Felipe a Inglaterra, con motivo de su boda con la reina María. Ercilla conoció allí a Jerónimo de Alderete, adelantado de Chile; este encuentro fue decisivo para que el futuro poeta decidiera dejarlo todo y a los veintiún años y marchara al Nuevo Mundo. Supo de la sublevación de Hernández Girón en Perú y de la muerte de Valdivia en Chile. Consiguió permiso para unirse a las fuerzas de Alderete y zarpó en octubre de 1555. Llegó a tierras chilenas dos años después y participó en las batallas más sangrientas contra los indígenas; una de ellas fue la que costó a Caupolicán—caudillo araucano—la derrota y la muerte, acontecimiento narrado por Ercilla en *La Araucana*.

En su exploración de la costa, los españoles llegaron hasta el canal de Chacao. Allí, Ercilla cruzó el mar y llegó con unos cuantos compañeros a la isla de Chiloé, donde, orgulloso de su hazaña, grabó su nombre en la corteza de un árbol. Por una rencilla con otro soldado, Ercilla fue condenado a muerte por Hurtado de Mendoza. Lo salvó en el último momento la intervención de una mujer, pero fue desterrado de Chile y regresó a España en 1563 después de algunas aventuras en Perú. Al morir su hermana María, le dejó sus bienes, que se acrecentaron con los sueldos atrasados que le enviaban de Perú. Se casó en 1570 y al morir su suegra recibió otra gran fortuna. Sus últimos años los pasó viajando para cumplir misiones que le encomendaba el rey; llegó a prestar dinero a la nobleza, cobrándole altos intereses. Murió en Madrid el 29 de noviembre de 1593.

**Obra**

Chile es uno de los pocos países de habla castellana que puede vanagloriarse de tener un gran poema épico que inicia su personalidad histórica. En este capítulo pienso mostrar que Ercilla supo crear una obra de profundas perspectivas que sirvió de certificado literario de nacionalidad. Indígenas y españoles, en su encuentro heroico, constituirían los pilares fundamentales del país en formación. *La Araucana canta las hazañas de los primeros chilenos con noble acento e inusitado vigor.* Es el poema épico del nacimiento de un pueblo de habla castellana. Trata de las guerras de araucanos y españoles por el predominio político en las tierras andinas del Sur[18]. Tiene tres partes, dedicadas a Felipe II. La primera consta de quince cantos, y vio la luz en Madrid, en 1569, edición de Pierres Cossin. La segunda fue publicada por el mismo librero en 1578, también en Madrid, en catorce cantos. La tercera apareció en 1589, al cuidado de Pedro Madrigal, en la misma ciudad. Esta tercera edición se reimprimió en 1590, con añadidos importantes.[19]

El poema presenta un total de 37 cantos en octavas reales. El verso endecasílabo sigue la manera a lo Garcilaso de la Vega, del que a veces toma directa inspiración (González Echevarría 18). Las rimas son sencillas y distan del rebuscamiento de la escuela culterana. En las partes que constituyen la obra, Ercilla canta sucesivamente las victorias de los araucanos y el brusco cambio de fortuna (parte I), la suerte adversa de los guerreros sureños (parte II), la derrota final y la muerte del caudillo Caupolicán (parte III).

El sentido épico de la composición parece insobornable en nuestra centuria (Wentzlaff Eggebert 47) y Fernando Alegría ha insistido en esta tesis. Afortunadamente es común acuerdo entre los críticos contemporáneos el juzgar necesaria una revisión de las preceptivas clasicistas cuyos férreos juicios han alcanzado aceptación ilimitada durante tantos años. La actitud tradicionalista guió la crítica de M.J. Quintana y F. Martínez de la Rosa, que divulgó la idea de que *La Araucana* no poseía las características necesarias de una auténtica epopeya (36 y 61 respectivamente). El gran crítico Menéndez y Pelayo tampoco supo librarse totalmente del prejuicio clásico. Sin embargo, en sus reflexiones abría camino para un juicio más plausible. Consideraba que ni la *Eneida* de Virgilio, ni los cantares de gesta reunían las condiciones de epopeya según la preceptiva antigua, y definía la obra de Ercilla como "Poesía de las navegaciones, de los descubrimientos y de las conquistas ultramarinas, trayendo al arte nuevos cielos, nuevas tierras, gentes bárbaras, costumbres exóticas, hazañas y atrocidades increíbles" (Menéndez y Pelayo 296). No dudaba, sin embargo, en afirmar que: "No hay poema moderno que contenga tantos elementos genuinamente homéricos como *La Araucana*" (282).

*La Araucana* obtuvo un decidido éxito literario. Se hicieron diferentes ediciones y hubo escritores que siguieron el tema. Pedro de Oña ofreció un *Arauco Domado* para satisfacer a don García Hurtado de Mendoza. Santisteban Osorio continuó el poema en la *Cuarta y Quinta Parte en que se Prosigue y Acaba la Historia de D. Alonso de Ercilla, hasta la Reducción del Valle de Arauco en el Reino de Chile*, Salamanca, 1597. De esta época es *Guerras de Chile*, atribuido a Juan de Mendoza, y la crónica rimada el *Purén Indómito*, de Álvarez de Toledo. Menéndez y Pelayo recuerda también "imitaciones menos directas", como *El Peregrino Indiano, La Mexicana, Las Armas Antárticas* y *La Argentina*"—poemas inferiores al original y que hacen merced al famoso refrán.

### ¿Quién es el Héroe de *La Araucana*?

Ercilla ha rehuido la solución esperada de colocar a Hurtado de Mendoza como héroe del poema. Esto fue observado por los contemporáneos, y el mismo Marqués de Cañete se tuvo por afrentado. ¿Tiene, en verdad, un héroe determinado esta epopeya? *La Araucana* sorprende por la luz especial que da a los acontecimientos. El autor, admirado del valor y del deseo de independencia de los araucanos, enfoca la atención sobre sus hazañas y las glorifica con su canto peregrino (Vidal 78). Los críticos han coincidido, en su mayoría, en observar la carencia de un héroe singular y en señalar la tendencia a la mitificación de lo araucano (Jara 165).

Ya Voltaire se sintió impresionado por las arengas de Colocolo, en su *Essai sur la Poésie Épique*, 1726. Ducamin es el primero que observa el sentido de colectivismo que hay en la obra: "Nous pouvons donc dire, qu'il y a surtout dans cette épopée deux caractères collectives, si l'on peut s'exprimer ainsi, le caractère des Espagnols et le caractère des Araucains" ("Por consiguiente podemos decir que hay dos caracteres colectivos durante esta epopeya, si se quiere expresarlo así: el carácter de los españoles y el carácter de los araucanos") (4). Añade que son las personalidades de los caciques indios las que poseen recio trazo. El erudito catalán Montoliu daba primacía al carácter de Caupolicán. A. Valbuena Prat se ha inclinado a considerar el pueblo araucano como el verdadero protagonista (42). Fernando Alegría prefiere una tesis de orden sintético: "tiene su epopeya un héroe colectivo, que no es ni el pueblo español ni el pueblo araucano, sino los dos al mismo tiempo" (39).

Podemos decir que en los episodios que se narran no hay un héroe subordinador, sino distintos personajes que son héroes de las varias partes del poema (Casanova 106). Tal vez sea Lautaro el más relevante. Él es el que lleva a la victoria a los ejércitos araucanos y posee la completa confianza del jefe Caupolicán. Como en el caso de las antiguas épicas, un sueño anuncia al guerrero su fin inminente. Con la muerte del héroe y derrota de los araucanos termina la parte primera. La lucha sigue cada vez más enconada a lo largo de toda la segunda parte, en la que otros héroes participan. Quizá sea Tucapel el que alcance mayor relieve en esta sección. En la tercera parte, el papel de Tucapel tiene escasa importancia y será Caupolicán, entre los araucanos, la figura mejor caracterizada. Esta mitificación de lo araucano ha llevado a algún crítico a defender el chilenismo de Ercilla.[22]

El autor se colocó en su poema, y su figura tiene especial interés. No es héroe, sino espectador que narra la historia. Sin embargo, en alguna ocasión, está tan interesado en la acción misma, que participa en ella[23]. Lo hace unas veces para traer a colación algún episodio como el de Tegualda, o el de Glaura y Cariolán. Otras, para introducir relatos independientes a los que da características fantásticas, como cuando Belona le descubre la batalla de San Quintín, o la bola de Fitón le relata la batalla naval de Lepanto. En cierto momento abandona la timidez y entra de lleno en la acción. Después de la batalla de Millarapue se persigue a los indígenas, y Ercilla tiene que aventurarse por un espeso bosque. Su personalidad aparece, por tanto, con una doble faceta: la de narrador y la de personaje de acción, aunque predomina la primera:

pues tanto por mirar embebecida
truje la mente en esto y ocupada
que se olvidaba el barzo de la espada. (Ercilla 57)

Con todo vacila, y está como indeciso de su retrato; quizá sea el concepto renacentista de la Fama, el que le haya llevado en la segunda edición de la tercera parte, a añadir su "hazaña": el haber atravesado el canal de Chacao y haber arribado a la isla de Chiloé, en calidad de descubridor de nuevas tierras (Melczer 218).

## Valor Literario de *La Araucana*

Ercilla sigue una manera genuina de elaborar el poema. Aunque conoce la épica italiana, que culminaba con Ariosto en *Orlando Furioso*, desea seguir otro camino. Esta intención se nota desde el mismo comienzo de la obra. Basta comparar las primeras octavas de los respectivos poemas:

Le donne, i cavallier, l'arme, gli amori.
Le cortesie, l'audaci imprese io canto,
Che furo al tempo che passaro i Mori
D'Africa il mare, e in Francia, nocquer tanto,
Seguendo l'ire, e in giovenil furori
D'Agramante lor re, che si diè vanto
Di vendicar la morte di Troiano
Sopra re Carlo Imperator Romano. (Ariosto 33)

No las damas, amor, no gentilezas
De caballeros canto enamorados;
Ni las muestras, regalos y ternezas
De amorosos afectos y cuidados:
Mas el valor, los hechos, las proezas
De aquellos españoles esforzados,
Que a la cerviz de Arauco, no domada,
Pusieron duro yugo por la espada. (Ercilla y Zúñiga 79)

Ercilla cree que Boiardo y Ariosto han reformado el justo patrón de los clásicos.[24] No va a cantar primordialmente del amor, sino de las hazañas heroicas. Por eso, cuando Ducamin estudia y analiza el poema, encuentra que Ercilla está más cercano a la *Farsalia* de Lucano, que al *Orlando Furioso*:

> De l'Ariosto on ne trouve pas d'imitation absolument littérale: de Lucain, tout un long morceau est imité de si près qu'il nous faut supposer que notre poète avait le texte sous les yeux ou qu'il possédait le passage par coeur. (69)

Aunque es consciente de la importancia del amor en todo el poema—tiene presente a Dante, Petrarca y Ariosto, que fueron los maestros en el género—insiste en seguir en su tarea estrictamente épica (Highet 330). Las protestas, en este sentido, llegan a tener cariz de manera literaria. Ercilla, como es costumbre en el género épico, hace uso de la mitología clásica y de la historia de Roma. En su prurito de elaborar una epopeya auténtica, el autor ha alcanzado un objetivo original, la creación de un nuevo género. Su obra representa una innovación en el género. Es una épica a la española. No hay un verdadero principio ni un fin adecuado. No hay tampoco un héroe. La importancia de las hazañas que canta Ercilla es obvia para nosotros, aunque sus contemporáneos tuvieran dificultad en verla (Íñigo Madrigal 199). Además, estructura el poema como un caso de próspera y adversa fortuna. El motivo de la acción lo proporciona el deseo de libertad de los araucanos. La rebelión fue favorecida por el orgullo imprudente de los conquistadores:

> El felice suceso, la vitoria,
> La fama y posesiones que adquirían
> Los trujo a tal soberbia y vanagloria,
> Que en mil leguas diez hombres no cabían. (Ercilla 76)

Ante la razón de los "bárbaros" la próspera fortuna guía los pasos de las huestes de Lautaro, sin embargo, no ocurre por mucho tiempo:

> ¡Oh pérfida fortuna, oh inconstante,
> Como llevas tu fin por punto crudo,
> Que el bien de tantos años en un punto
> De un golpe lo arrebatas todo junto! (Ercilla 180)

Éstas son las exclamaciones del poeta, cuando nos anuncia la muerte del caudillo araucano: "Y una flecha a buscarle que venía..." (111). Toda la parte segunda desarrolla la lucha de los indígenas contra la cruel fortuna que ha dejado de favorecerlos: "Y un mal tras otro mal es siempre cierto..." (202). La parte tercera presenta el

# Clásicos de la Literatura Hispanoamericana

final infausto de los rebeldes, que culmina con la muerte de su caudillo, Caupolicán, condenado al tormento de ser empalado: "Yo soy Caupolicán, que el hado mío / Por tierra derrocó mi fundamento" (207). El poema realmente queda sin un final apropiado. Ercilla pudo haber añadido otros cantos o prescindido de algunos; ello no hubiera alterado la línea fundamental. En realidad el canto XXXVII posee individualidad y no está, sino muy superficialmente, relacionado con el resto. Ercilla interrumpe su historia en varias ocasiones "temeroso de poca variedad".[25] Y, sin mudar de estilo, nos describe San Quintín, Lepanto y la cueva de Fitón, desde donde se puede atalayar el mundo todo. La manera como están hilvanados los episodios es de tradición muy española. Belona le lleva a un pico muy alto, desde donde contempla San Quintín. El mago Fitón, en su cueva, le enseña la bola, esfera mágica, y en ella ve la batalla de Lepanto. Son descripciones de gran aparato bélico de los hechos más importantes de la época. En el canto último se nos informará de la justificación de la anexión de Portugal. Este contar en meandros, que no es rectilíneo, que aquí se detiene para contarnos esto, y allá también, para decirnos aquello, es, ni más ni menos, la manera cervantina de construir la obra literaria. En el *Quixote* se interpolan diferentes episodios, y la acción central es interrumpida por acciones colaterales. El valor narrativo del poema es, por tanto, obvio.

Ercilla relata, en la segunda y la tercera parte, varios episodios con personajes femeninos que entibian la aspereza del clamor bélico, quizá con deseo de congraciarse con los tratadistas que seguían la moda italiana (Jara y Spadaccini 24). Son la historia de Tegualda, la historia de Glaura y la historia de Fresia. En los tres casos se nos dan ejemplos heroicos. El de Tegualda, que busca en el campo de batalla el cuerpo de su amante muerto, es ejemplo de perseverancia. El de Glaura, que desdeñó el amor y que supo luego encontrarlo, es caso de amor desdichado. Finalmente el de Fresia, que insulta a su esposo Caupolicán, porque no supo defenderse de ser aprisionado, caso de honor, en el que se prefiere al marido muerto, antes que ultrajado.[26] Ercilla sabe describir muy bien la pasión de la mujer, como nos revelan las palabras de Tegualda: "que comencé a temblar, y un fuego ardiendo / fue por todos mis huesos discurriendo" (195).

La historia de Glaura es de típica ascendencia italiana. Las razones de la matrona Fresia nos indican una posible fuente latina. El amor de Tegualda, que va más allá de la muerte, posee cierto sabor dantesco. La obra ofrece un mundo intenso de imágenes, que corroboran un cuidadoso estilo.

Quintana, en *Sobre la Poesía Épica Castellana*, señala que *La Araucana* "en propiedad, corrección y fluidez se antepone también a casi todos los escritos de su tiempo" (541). En efecto, hay algo en la manera de escribir de Ercilla que le otorga una distinción única. Precisamente Voltaire vendría a fijarse en el tono majestuoso de las arengas. Ese no sé qué que realza el arte del poema estriba, de un lado, en el deseo de precisión que el autor le confiere y, de otro, en la concisión de los conceptos. Quizá el hecho de que su pensamiento venga cincelado en octavas reales favorezca esta prístina sensación. Si a ésto añadimos la acertada visión del detalle y la fuerza expresiva de las imágenes, captaremos el profundo sentido de las palabras de Quintana.

Veamos algún ejemplo. Los españoles, destrozados, llegan a la Concepción. Se espera el ataque de los indígenas. La confusión se desparrama por la ciudad. Ercilla recoge el momento:

> Como las corderillas temorosas
> De las queridas madres apartadas,
> Balando van perdidas, presurosas,
> Haciendo en poco espacio mil paradas,
> Ponen atenta oreja a todas cosas,
> Corren aquí y allí desatinadas;
> Así las tiernas vírgenes llorando,
> A voces a las madres van llamando. (Ercilla 108)

He aquí cómo llegan los indígenas:

> Cuando cual negra banda de estorninos
> Que se abate al montón del blanco trigo
> Baja al pueblo el ejército enemigo. (114)

Veamos de qué manera huyen los indígenas:

> Como tímidos gamos, que el ruido
> Sienten del cazador, y atentamente,
> Altos los cuellos, tienden el oído
> Hacia la parte que el rumor se siente,
> Y el balar de la gama conocido
> Que apedazan los perros, y la gente,
> Con furioso tropel toman la vía
> Que más de aquel peligro se desvía. (231)

## Clásicos de la Literatura Hispanoamericana

Esta vez es la forma en que construyen los españoles el fuerte:

> Del modo que se ve en los pajarillos
> De la necesidad misma instruidos
> Por techos y apartados rinconcillos
> Tejer y fabricar los pobres nidos,
> Que de pajas, de plumas y ramillos
> Van y vienen los picos impedidos:
> Así en el yermo y descubierto asiento
> Fabrica cada cual su alojamiento. (271)

Este sentido de observación no ajeno a la ternura y al amor a la naturaleza, que ha sido cuidadosamente estudiada, contrasta con la violencia y la fuerza dramática de las descripciones de lucha, en las que es maestro (Lerner 222). En el autor encontramos aquella morosidad que Wolfgang Kayer dice que conviene a todo poema épico. Ercilla se detiene a pormenorizar cada golpe que los lidiadores lanzan. La descripción de los destrozos que Andrea causa entre los indígenas, o de la batalla, a lo Ariosto, entre Tucapel y Rengo, son excelentes. El poeta llega a expresiones de terrible y crudo realismo. En resumen, *La Araucana* tiene dos elementos esenciales en su máquina. Uno aprendido, gusto literario de la época, fruto de técnica y esfuerzo, en el que caben dioses mitológicos y citas eruditas, y otro espontáneo, genial, que le ofrece la imagen adecuada, un procedimiento narrativo curvilíneo, y un tono humano que favorece la inclusión del autor en el poema. La combinación le infunde vital aliento y definida personalidad artística.[27]

# CAPITULO IV

## LA CONQUISTA DEL PERÚ:
## EL INCA GARCILASO DE LA VEGA Y
## *LOS COMENTARIOS REALES*

Los escritos del Inca Garcilaso son una emanación del espíritu indio. Es el Heródoto de los Incas, captó y supo dar como ningún europeo podía hacerlo, el verdadero espíritu de su civilización, junto con el sentido del paisaje que la enmarca, con esa 'abrumadora inmanencia de los Andes'.

Henríquez Ureña

### Antecedentes Históricas

El imperio de los incas abarcaba una superficie de cerca de un millón de kilómetros cuadrados, desde el norte de lo que hoy es Ecuador hasta el centro de Chile, y en el interior, hasta la cuenca amazónica. Los indígenas llamaban a su imperio el Tawantinsuyo, el cual gobernaban desde su capital, el Cuzco. Inca era el nombre del emperador y su familia; mientras que el término quechua, que es el nombre de la lengua de aquel pueblo, es también el más acertado para designarlos como nación.

Los españoles llegaron al Perú poco después de la muerte del Inca Huayna Cápac, cuando sus hijos Huáscar—legítimo—y Atahualpa—bastardo—, se disputaban el reino. Tras una cruenta guerra civil, Atahualpa venció y apresó a su hermano.

Francisco Pizarro, Diego de Almagro y el clérigo Hernando de Luque organizan desde Panamá las primeras expediciones para encontrar el fabuloso imperio inca. En las primeras tentativas de 1524 y 1526 descubren la isla del Gallo, exploran el Golfo de Guayaquil y llegan a Túmbez. Pizarro, viendo la enorme importancia de las tierras por conquistar, va a España en 1528 y allí recibe el apoyo de Carlos V, quien lo nombra gobernador, capitán general y adelantado de las nuevas tierras. Regresa a América al mando de la expedición, con sus hermanos Hernando, Gonzalo, y Juan, por lo cual se enemista con Almagro.

En 1532 parte Pizarro a Túmbez con 200 hombres. Su objetivo es llegar a Cajamarca, donde lo espera Atahualpa. Hay intercambio de mensajes y regalos, y finalmente en noviembre de 1532, Pizarro llega a la ciudad que los indios han abandonado. Atahualpa, acicateado por la curiosidad y con la sospecha de que pueda ser el retorno de Viracocha, importante divinidad, se entrevista con Pizarro el español, quien lo hace su prisionero, y se adueña, así, del imperio inca. A pesar de que los naturales pagaron el rescate más fabuloso en oro y plata con que los españoles hubieran soñado, el Inca no fue liberado, sino ejecutado en 1533. La brutalidad de los conquistadores fue tal que obligó a los indígenas a resistir durante cuarenta años en la fortaleza de Vilcabamba, sin embargo, el último inca fue descuartizado en Lima por órdenes del virrey don Antonio de Toledo.

## Las Guerras Civiles

La pugna de Almagro con Francisco Pizarro nunca se resolvió, es más, el odio de aquél fue tal que desencadenó las guerras civiles. En la primera guerra Almagro fue derrotado en la Batalla de las Salinas, y luego decapitado. Su hijo Almagro, el Mozo, alentado por los partidarios de su padre, continuó la lucha: se presentó con un puñado de hombres en el palacio de Pizarro, a estocadas llegó hasta él y le atravesó la garganta; moribundo, Pizarro trazó una cruz en el suelo con su sangre y la besó. Luego el muchacho murió a manos de los pizarristas en 1542.

La tercera guerra fue la más importante; estuvo encabezada por Gonzalo Pizarro, los encomenderos y los conquistadores que desconocieron las Ordenanzas de Indias. La rebeldía de los pizarristas llegó al punto de pretender alzarse con la tierra, esto es, independizarse de la corona española y hacer un reino autónomo. Los rebeldes derrotaron al virrey Blasco Núñez Vela, quien fue decapitado; pero, finalmente, Gonzalo Pizarro también sucumbió a la violencia y fue muerto en 1548.

Todavía hubo otro intento de romper con la metrópoli en 1554, pero por el interés que el reino de Nueva Castilla, como se le llamó, representaba para España, la paz finalmente llegó en la figura del virrey don Antonio de Toledo, marqués de Mancera. Entre las medidas que tomó, estuvo la de desterrar tanto a conquistadores como a incas.

La conquista y las luchas civiles tuvieron sus cronistas, tanto indígenas como mestizos y españoles. Entre los primeros destacan: el mestizo Felipe Guamán Poma de Ayala, autor de *Nueva Crónica y Buen Gobierno de este Reino*; el indígena Titu Cusi Yupanqui dictó a un fraile *Instrucción del Inca*; el mestizo Garcilaso de la Vega es el autor de una de las más famosas obras americanas, *Comentarios Reales*.

## Obra

En la literatura hispanoamericana actividad e imaginación van unidas de tal forma que es difícil separarlas y se complementan la una a la otra. El Inca Garcilaso de la Vega es un ejemplo definido. Vivió momentos de maravilla, cuando el mundo comenzaba a descubrirse a sí mismo. La realidad llegaba a ser tan extraordinaria que parecía fábula. Garcilaso vio hazañas. Oyó numerosos mitos. Viajó mucho: por España, se supone que por Italia, además de por el virreinato del Perú, su patria. Fue capitán al servicio de Su Majestad. Dejó la espada por la pluma y se ordenó de menores. Retirado del mundanal ruido redactó sus obras en Montilla y en Córdoba, y alcanzó la fama de gran escritor, manifestando excelentes cualidades intelectuales (Varner 22). A pesar de venir de una tierra de frontera y conquista, en donde luchas y levantamientos acaecían a menudo, supo adentrarse en la civilización española. Mitad indígena, mitad español, con una perspectiva de los dos mundos muy suya, nos ofrece una rica modalidad psicológica (Zamora *Language, Authority, and Indigenous History in the Comentarios Reales de los Incas* 1). Aprendió el español tan a la perfección, que alcanzó el grado de maestro de la lengua, y, al mismo tiempo, imprimió a sus escritos el sello de su personalidad individual (Cortázar 141).

## El Inca y La Historia

Motivo de discusión y apasionamiento ha sido la interpretación de los *Comentarios Reales*. Cada nación tiene derecho a ver su historia desde un punto de vista que, en general, no favorece al del vecino. Indudablemente el Inca no ve la historia desde el lado español. Sus apreciaciones están vistas muchas veces desde su mentalidad de indígena. No obsta a que pinte favorablemente los sucesos de Pedro de Alvarado, de Gonzalo de Pizarro, de Francisco Carbajal y de Gonzalo Garcilaso de la Vega[28]. Se trataba de su padre y de los amigos de éste. Pero, al fin y al cabo, eran conquistadores y enemigos de los incas. Garcilaso tiene por su nacimiento una contradicción psicológica que se vierte en su obra.[29] A esto deben añadirse los motivos personales muy españoles, razones de honra, que le acuciaron en su empresa. Por eso muere en España defendiendo su blasón.[30] Su actitud es compleja. Alaba a los incas y hace una verdadera apología de su mundo, pero en la segunda parte nos narra, no sin admiración, los hechos de los conquistadores. De lo particular pasa a lo general. En este capítulo me gustaría demostrar que de la defensa de su sangre el Inca Garcilaso llega a la mitificación de la cultura incaica y a la exaltación de la conquista española.

La Providencia ayudó a dominar aquellas tierras de los Andes, en donde se adoraba el sol (Varner 66). La tesis del Inca está perfilada ya. Panegírico del imperio del Inca, que sólo pudo ser dominado por los extranjeros con la ayuda de un dios superior. A los conquistadores les ayuda Santiago y les ayuda la Virgen. Contra ellos nada puede el Sol ni la Luna ni Pachacámac. Esto se concertaba muy bien con las creencias de los incas. Los oráculos habían dicho, en tiempo de Viracocha Inca, que vendrían unos hombres barbudos que impondrían la verdadera religión, lo que marcaría el fin de la supremacía incaica. Poco antes de la venida de los españoles, Huayna Cápac, antes de morir, había precisado la profecía. Vendrían a poco extranjeros de luengas barbas que conquistarían el imperio. No se trataba de falta de coraje en los incas ni de esfuerzo en los españoles. Era el destino quien acordaba lo que había de suceder.

El Inca Garcilaso de la Vega insiste en ensalzar a sus antepasados. Pero en su término de superlación, el único comparativo que encuentra es el mundo más civilizado de los españoles. De esta forma, creencias y costumbres que en sí tenían poca relación, el Inca las exagera en su buena intención de defender lo suyo. Los ritos de los sacerdotes incas se parecerán a los de los cristianos. Sus monumentos y fortalezas serán más o menos grandes que los de Sevilla y de Córdoba. La manera de pelear de los incas tendrá un parangón con la de los peninsulares. Su inteligencia rivalizará con la castellana (Lavalle 141).

Especialmente en cuanto a lo religioso, en donde cabía más interpretación, los símiles crecen y se abultan. Los historiadores españoles habían ayudado a ello también, aunque desde otro ángulo de visión. La mayoría de ellos fueron clérigos, les gustó comparar las creencias de los indígenas con el dogma cristiano, y sus ritos con la liturgia católica, de modo que el entendimiento de los misterios de la doctrina fuera más claro y evidente para la mentalidad indígena. El Inca Garcilso da un paso más en la comparación. Siempre que ve posibilidad de ello, con un sentido apologético obvio, nos explica que los indígenas tenían ya tradiciones y creencias parecidas a las de los españoles.

José de la Riva Agüero ha observado con precisión la actitud contradictoria de exaltación de lo incaico: "Indiscutible y evidente es la parcialidad y apasionamiento de Garcilaso por los Incas" (217).

También sus falseamientos de los ritos de los incas: "Donde más flaquea Garcilaso [como historiador] es en la religión indígena" (489).³¹ Menéndez y Pelayo, en su *Historia de la Poesía Hispanoamericana* dice sobre *Los Comentarios*:

> Para los sucesos del descubrimiento y conquista del Perú, la autoridad del inca es muy secundaria por lo tardía y porque generalmente se reduce a transcribir o glosar las narraciones de autores ya impresos como López de Gómara, Agustín de Zárate y el palentino Diego Fernández. Cuando abandona el testimonio de estos historiadores no siempre copiosos, pero sí fidedignos, es para extraviarse en compañía del jesuita Blas Valera, cuyos manuscritos utilizó en parte; mestizo como él y como él apasionado de la antigua civilización indiana. (146)

José de la Riva Agüero, que había notado la flaqueza histórica del Inca, al ser aludida por Menéndez y Pelayo, defiende el valor de la primera parte de *Los Comentarios*, cuya "influencia y autoridad...en la historia peruana había sido durante doscientos años omnímoda" (32) y se vale para ello de las "verdades generales" del Inca:

> Patrimonio de los historiadores con alma de poetas, que se equivocan y yerran en lo accesorio, pero que se salvan y traducen lo esencial...Califica al Inca de 'mestizo cuzqueño' nacido al siguiente día de la conquista, primero y superior ejemplar de la aleación de espíritus que constituye el *peruanismo*. (40)

Creemos que el Inca Garcilaso, con méritos históricos dada la información que aporta especialmente en la primera parte (Riva Agüero 520), es un prosador de gran empuje y un narrador de excelente escuela que nos ha legado unas crónicas en las que las calidades literarias alcanzan grado de maestría.³³

Vamos a acudir a los textos del Inca para ver la insistencia casi machacona con que nos informa de que recuerda esto o aquello; para captar su difícil tarea de recopilador de fuentes legendario-históricas; para resaltar su actitud de rectificación de otros historiadores; para demostrar su criterio respecto a la conquista, muchas veces de censura; y finalmente para indicar su intencionada tendencia a mostrarnos el mundo incaico como una utopía (Gerdes

543). Frases como "me acuerdo" abundan en los *Comentarios reales*. Al hablar del origen de los incas nos relata su conversación con un Inca viejo, cuando tenía "diez y seis o diez y siete años"—no se acuerda bien de este último detalle. También vemos aseveraciones, tales como: "el nombre que los indios les dan se me ha ido de la memoria" (180) o "la diferencia de su nombre se me ha ido de la memoria" (183). A pesar de estas dudas insiste en el conocimiento de las tradiciones de los Incas. "Todo lo cual vi por mis ojos" (177) es una expresión suya: "Demás de havérmelo dicho los indios, alcancé y vi por mis ojos mucha parte de aquella idolatría" (48). Dice en otro momento: "Déstas me acuerdo porque las oí hablar a los indios que hallé haziendo el sacrificio (51)...También lo oí a muchos indios que, visitando a mi madre, le contaban aquellos hechos" (56).

A veces cuenta los hechos en primera persona, cuando había intervenido en ellos (Zamora *Language, Authority, and Indigenous History in the Comentarios Reales de los Incas* 175). Sin embargo, en cierto párrafo de la primera parte reconoce lo endeble de las habladurías de los indios sobre sus leyendas. Reproducimos el fragmento:

> También escrive el Padre Maestro Acosta la fantasma Viracocha, aunque trocados los nombres de los Reyes de aquel tiempo, y dize la batalla de los Chancas y otras cosas de las que diremos deste príncipe, aunque abreviada y confusamente, como son casi todas las relaciones que los indios dan a los españoles, por las dificultades del lenguaje y porque tienen ya perdidos los memoriales de las tradiciones de sus historias. Dizen en confuso la sustancia dellas, sin guardar orden ni tiempo. (262)

El sentido de rectificación de otros textos es prolijo. Corrige a las fuentes que cita. Cieza de León no andaba bien informado cuando dijo tal cosa o el Padre Acosta cometía un error al afirmar tal hecho, esto en cuanto a la primera parte. En la segunda, las correcciones a López de Gómara y al palentino son muy numerosas.

El Inca, llevado de su celo apostólico por todo lo incaico, declara que los españoles destruyeron la cultura de los incas, desconocieron sus tradiciones y costumbres y persiguieron la dinastía derrotada hasta aniquilarla.

Esta concepción la deja traslucir o la dice claramente una y otra vez. Veamos algunos ejemplos: "Demás desto, en todo lo que desta república [la incaica], antes destruida que conoscida..." (Tomo I 49) y "Porque los no naturales della [del Cuzco], aunque sean indios, también son estranjeros y bárbaros en la lengua, como los castellanos" ('269).

Si en la primera parte existe una condenación quizá injusta de la conquista española, en la segunda el Inca Garcilaso nos da una perspectiva antiheroica (Ross 97). Resalta las luchas interiores entre pizarristas y almagristas, para alabar la personalidad de Diego de Almagro. Insiste en el hecho de que las victorias de los españoles no fueron debidas a su esfuerzo, sino a las supersticiones de los Incas, y a un sentido providencialista que favoreció la conquista.

El Inca Garcilaso tiene a prurito de honra el conocimiento del quechua. Su interés por los problemas lingüísticos es extremado. En su actitud sigue la corriente de los escritores postoledanos. Siempre que tiene ocasión considera que tal palabra significa tal cosa y se pronuncia de tal manera. Su cuidado le lleva a aceptar palabras como Cozco en vez de Cuzco, y Rimac en vez de Lima, siendo las versiones españolas completamente populares cuando escribió.

Garcilaso pinta el imperio inca con favorables colores. Manco Cápac da espléndidas leyes a sus súbditos. Viracocha es un emperador bondadoso que perdona a sus enemigos. El orden del imperio es perfecto. Hasta los períodos de veda para la caza están cuidadosamente estipulados. La presentación del mundo inca es idílica. Es una utopía. La realidad era, sin embargo, diferente. El orden estaba basado en la delación y en la severidad y prontitud de los castigos. Compárense las protestas de amor del inca hacia sus súbditos por boca de Garcilaso con la loza Mochica, preinca, pero que da una idea histórica. Las mutilaciones de labios, manos, narices, pies y mejillas nos dicen bien a las claras qué clases de castigos se imponían. El miedo era el buen gobernador del Inca.

Leyendo entre líneas podemos darnos cuenta del sistema. Cada decurión, que mandaba a diez hombres, tenía dos oficios: el de procurador y el de "fiscal y acusador de cualquiera delicto que cualquiera de los de su escuadra hiziesse, por pequeño que fuesse..." (Tomo I 90) y "Estava a cargo del decurión acusar al hijo, de cualquier de licto, también como el padre..." (91).

Es decir, que ni las criaturas se salvaban de esta rígida tiranía. En otro momento nos dice como el Inca castigó a los principales y los curacas de la nación Huancavilca a que fueran degollados, de cada diez uno, y a los supervivientes les arrancaran cuatro dientes (223). Para ver la mentalidad de algún Inca, recuérdese el episodio de

# Clásicos de la Literatura Hispanoamericana 61

Ruminani, general de Atahualpa, quien mandó matar a la familia entera de su superior, una vez que supo la muerte de él, y que luego, por unos celosos impulsos, hizo sepultar vivas a las hijas del Sol de un templo (119). En su deseo de favorecer a los incas, compara sus instituciones con las españolas, especialmente sus creencias y mitos con las ideas religiosas de los españoles del XVI. Nos dice Garcilaso:

> El que las leyere podrá cotejarlas a su gusto, que muchas hallará semejantes a las antiguas, assí de la Sancta Escritura como de las profanas y fábulas de la gentilidad antigua. Muchas leyes y costumbres verá que parescen a las de nuestro siglo. (50)

Compara la trilogía bárbara del relámpago, trueno y rayo, criados del sol, con el Dios trino y uno católico. También, nos presenta al Inca en sus ofrendas de vino al Sol, con una liturgia semejante a la cristiana. Relaciona la imagen de Viracocha con la del Apóstol San Bartolomé. En los ritos de la adoración del Sol y del sacrificio del cordero los paralelismos con los ritos de los primeros cristianos son mayores.

## El Inca Garcilaso de la Vega, Escritor de Transición

La obra trascendental del Inca es los *Comentarios reales*, la cual le coloca en la lista de los grandes maestros de la literatura: "Toda esta materia poética", nos dice Riva Agüero, "tan nueva, tan ingente, la ha tratado con una discreción infalible, con una delicadeza, una lucidez y un buen gusto nativo" (xxxix).

Señala en el Inca, este crítico peruano, una tradición clásica que lleva el símil a Herodoto, un "vivo sentimiento de la naturaleza", un acertado uso de las leyendas populares y un uso de la lengua exquisito.

Menéndez y Pelayo también ha elogiado sin reservas los valores literarios de la obra del Inca. Le llama "prosista de primer orden" y lo coloca "como uno de los más amenos y floridos narradores". También la sitúa como "genuinamente americano" (74). Porras Barrenechea nos dice:

> Garcilaso cultiva pues una forma histórica que concede valor a as reaciones poéticas y a las concepciones mágicas y vaporosas del alma popular. Él traslada en la crónica su sensibilidad de espíritu neoplatónico

demostrada ya en la traducción de León el Hebreo (369).

Riva Agüero, Porras y Miró Quesada han afirmado el valor renacentista de la obra con buenos argumentos; Miró Quesada ha ido tan lejos como para analizar la biblioteca del Inca en prueba de su sentido renacentista (Durand 242). A esto debiéramos añadir que Garcilaso, como escritor, representa una posición de transición, comparable a la de Cervantes o Mateo Alemán, contemporáneos suyos. Hay en Garcilaso algunas definidas notas barrocas a las que vamos a aludir.

En primer lugar, hay el sentido de desengaño. En la defensa de la actuación de su padre el Inca se llama a sí mismo: "hombre desengañado y despedido deste mundo". El hombre del Renacimiento es optimista; el barroco, pesimista.

El problema de honra, que sufrió durante toda su vida, lo enlaza con los retorcimientos y complejos psicológicos del Barroco. Garcilaso perdió todas sus ilusiones. El sentido de la fortuna, tanto próspera como adversa, tema típico del Barroco cuando se hace especial reflexión en lo negativo, está ya en el Inca:

> Passavan los moços que se disponían a recebirlas por un noviciado rigurosíssimo, que era ser examinados en todos los trabajos y necesidades que en la guerra se les podían ofrecer, assí en próspera como en adversa fortuna. (Tomo II 55)

No es solamente su mentalidad la que le acerca al Barroco, sino su mismo estilo, que a veces es abundante en frases subordinadas, de tendencia dinámica y efectista. Veamos un ejemplo:

> Navegaban dando bordos a la mar y a la tierra, con mucho impedimento que el viento sur y las corrientes de la mar les hazían, las cuales en aquella costa, por la mayor parte, corren del sur al norte. Cierto es cosa de admiración verlas; holgara saberlas pintar como son, para las que no las han visto; parescen ríos furiosíssimos que corren por tierra, con tantos remolinos a una mano y a otra, y con tanto ruido de olas y tanta espuma causada del rezio movimiento del agua, que pone espanto y temor a los navegantes, porque es peligroso caer en ellas, que se hunden los navíos sorbidos de los remolinos. (39-40)

Otra característica barroca es el sentido providencialista en que cree. Para Garcilaso los españoles fueron instrumentos de Dios para la evangelización de las tierras americanas:³⁵

> Otros, dice el Inca, más bien considerados y zelosos de la honra de Dios y del aumento de la Sancta Fe Católica, lo miravan de otra manera, y dezían que aquellas hazañas que atribuían a sus fuerças y valentía eran maravillas que el Señor obrava en favor de su Evangelio... (105) y Pero, bien mirados [los miedos de Atahualpa], eran castigos de su idolatría y crueldades, y por otra parte eran obras de la misericordia divina para atraer aquellos gentiles a su Iglesia Católica Romana. (53)

Las creencias de los indígenas estaban estimuladas por el demonio, que en todo había puesto confusión. Esta figura tiene una definida personalidad en la obra del Inca:

> El sueño [de Viracocha] puédese creer que el demonio, como tan gran maestre de maldades, lo causasse... (Tomo I 270) y visitó el rico templo de Pachacámac, que ellos adoravan por Dios no conoscido; mandó a los sacerdotes consultassen al demonio, que allí hablava, la conquista que pensava hazer.... (Tomo II 224)

Hay un sentido moral y de aviso de los males que aguardan al hombre en el mundo (Ortega 205). Los ejemplos de las vidas de los conquistadores pueden servir de lección a los que andan perdidos en este mundo sin acordarse de la verdadera luz:

> Y con todas sus grandezas y riquezas [Francisco Pizarro] acabó tan desamparado y pobre que no tuvo con qué ni quien lo enterrasse, donde la fortuna en menos de una hora igualó su disfavor y miseria al favor y prosperidad que en el discurso de toda su vida le había dado. (Tomo II 258-9)

Este sentido moral toma mayor vuelo en ciertos comentarios y razones que da, acompañado a los hechos de su historia. Sirve de ejemplo el capítulo VII de la segunda parte, libro 1, en donde hace relación de los males que consigo traen las riquezas.

Los *Comentarios reales* tienen un sentido claramente elegíaco (Chang-Rodríguez 189). El asunto que tratan así lo requiere: la destrucción del Imperio de los incas y la muerte de los que conquistaron aquellas tierras. Garcilaso mantiene este acento luctuoso a lo largo de los capítulos.

Recordemos lo que nos dice el Inca viejo, que reveló a Garcilaso el origen de su estirpe:

> Creo que te he dado larga cuenta de lo que me pediste y respondido a tus preguntas, y por no hazerte llorar no he recitado esta historia con lágrimas de sangre, derramadas por los ojos, como las derramó en el coraçon, del dolor que siento de ver nuestros Incas acabados y nuestro Imperio perdido. (Tomo I 45)

La idea de la muerte anda rondando, entre agüeros y tristezas, por las páginas del Inca:

> Con esto se despidieron del pobre Huáscar Inca, dejándole más triste y desconsolado que antes estava, porque había esperado algún remedio en ellos, pero ahora quedava del todo desconfiado de su vida y certificado que, por haverlos visto y hablado, le havían de apresurar la muerte, como ello fue (85) y Atahualpa, conforme a sus pronósticos, perdió del todo la esperança de su libertad, y se certificó en el temor de su muerte, la qual sucedió dentro de quinze días después que vio la cometa... (92)

Finalmente, como última característica barroca, diremos que el Inca ha sido fuente literaria de autores tan barrocos como Tirso de Molina y Calderón de la Barca. Se ha estudiado la relación entre ciertos pasajes de *Amazonas en las Indias*, de Tirso, y la segunda parte de los *Comentarios*, en aquellos capítulos que tratan del sitio de Cuzco por el Inca rebelde y de los milagros de Santiago y de la Virgen. A esto se añade la indudable relación entre *La Aurora en Copacabana* y el capítulo XI del libro 1, segunda parte, de los *Comentarios*. En el primer acto de su comedia, Calderón nos describe el milagro que aconteció a Pero Gandia, cuando llegó a Túmpiz (Túmbez) y las fieras que había soltado el Inca se amansaron ante él y ante el poder de la Cruz que enarbolaba. La narración recoge los mismos accidentes.[16]

Podemos situar, por tanto, a Garcilaso de la Vega en una fértil corriente literaria, caracterizada por sus diversas fuentes de información, por su engranaje con los grandes maestros españoles y por su pujante y enérgico estilo narrativo.

# Segunda Parte

## El Siglo XVII:

### El Barroco, Arte Hispánico

In the long course of western history an alternation of conflicting moods and divergent attitudes toward existence appears, each one extending for varying lengths of time from centuries and generations to decades, or even shorter spans, and to these periods names are subsequently bestowed... Indeed, some epochs are distinguished more by paradox than consistency, and perhaps none so much as the Baroque Age. Hence arise difficulties of comprensión and definition.
Irving A. Leonard

El Barroco surge durante los reinados de Felipe III, Felipe IV y Carlos II, bajo cuyos reinados se consume la decadencia española. En ese siglo se produjo una grave crisis interna causada, en primer lugar, por la ruina económica del país, en segundo lugar, por las luchas sociales de la burguesía (frenada en su expansión por el clero y la nobleza), más el descontento de la población agobiada por la miseria; y en tercer lugar, por las interminables guerras en que se vio envuelta España.

En el terreno ideológico, España se convirtió—desde la segunda mitad del siglo XVI—en la defensora de la ortodoxia cristiana frente a la reforma luterana, y para ello organizó la Contrarreforma, movimiento destinado a proteger la pureza de la fe y fortalecer la religiosidad de los españoles. A ello se dedicaron poetas, pintores, escultores y eclesiásticos. De hecho el Barroco se convirtió en un medio propagandístico de la fe, por lo cual se ha dicho que éste es el arte de la Contrarreforma.

# Clásicos de la Literatura Hispanoamericana 67

En contraste con el espíritu del Renacimiento (confianza en el hombre, entusiasmo, interés en la naturaleza, heroísmo, deseos de vivir), el Barroco se caracteriza generalmente por la idea de desengaño y un terrible pesimismo.³⁷ Esta actitud se manifiesta en sus temas típicos: 1) el mundo carece de valor, 2) la vida es contradicción y lucha, 3) las cosas humanas son fugaces, y 4) la vida es como un sueño o una mentira. Todo esto refleja una profunda desvalorización del ser humano. Junto a esta sombría imagen del hombre y de la vida, el Barroco ofrece otra cara: la suntuosidad. El Barroco—como puede observarse en las iglesias de la época—es un arte recargado de adornos, lleno de contrastes (en la pintura predominó la técnica del claroscuro), dinámico y desmesurado, en oposición a la serenidad y armonía del arte renacentista.

El Barroco representa por su propagación y por su irradiación a otros países uno de los momentos más trascendentales en la historia de las artes. Este estilo, que tuvo como sello caracterizante la voluntad de crear hacia el infinito, tuvo tres focos luminosos en las cortes de Madrid, México y Lima. Así la "cosmovisión" barroca quedó establecida en las dos riberas del Atlántico, lo que da la pauta y perspectiva necesarias para poder entender por qué este arte es primordialmente hispánico. En este capítulo voy a analizar el Barroco de Indias, principalmente con el objeto de que se destaque el hecho de que desde sus comienzos fue no sólo típicamente español, sino hispanoamericano. Se trata en parte de un arte de arquitectura. La iglesia de Santo Domingo de Oaxaca es un buen ejemplo. Es, también, una manera cortesana en la que el buen decir es requisito ineludible. Como veremos la cortesía es muy importante en el teatro de Ruiz de Alarcón. Presenta además una poesía sensual, rica en sonoridades, como ilustrará la obra de Bernardo Balbuena. Finalmente, posee una profunda simbología religiosa como atestiguará el *Triunfo Parténico*, de Sigüenza y Góngora. Tal vez la contemplación de la fachada de la Universidad de Cuzco—antiguo colegio de la Compañía—puede servir para establecer un primer entendimiento de lo que es esta manera artística. La idea dinámica que impera en la forma y la apetencia ornamental es evidente. Se observa una herencia clásica en el uso de las columnas jónicas y corintias, pero adaptada a un nuevo genio que se columbra en el arco truncado, en las medidas en volumen y en la intensificación de motivos antropomórficos y emblemáticos.

Ocurre que el término *barroco* ha sido aplicado especialmente al arte y la literatura alemana y quizá esta connotación germánica haya prevalecido cuando, ampliándose el significado, ha sido utilizado para hacer referencias al siglo XVII en Italia, Inglaterra, Francia y

España. Creemos, sin embargo, que la expresión de este movimiento no obtiene una exégesis adecuada, si no se posee una clara perspectiva de su centro hispánico, ya que un estilo se caracteriza donde tiene mayor apogeo, y no se sitúa ni en los orígenes ni en los sectores laterales. Los eruditos entendidos aceptan tácitamente el hecho de que la literatura y las artes en general del siglo XVII poseen su expresión barroca más rica y compleja en el mundo hispánico. Sin embargo, la tendencia general ha sido la de considerar el movimiento como una expresión europea, dando poco énfasis, en los mejores casos, a la producción allende el Atlántico. Numerosos trabajos han sido dedicados a la definición y al entendimiento del Barroco (Vidal 107). La diversidad de aproximaciones al problema literario se debe, en parte, a la hostilidad a planear el hispanismo de este siglo XVII.[38] A ello ha ayudado la falta de perspectiva histórica objetiva. Sin embargo, y quizá debido a intereses históricos creados, el Barroco ha atraído y atrae, para ser negado o alabado, a casi todos los que estudian el proceso evolutivo del arte y la literatura. Basta acudir a los trabajos de investigación de Mark y Wellek para obtener la información precisa de la asiduidad con que se ha tratado el tema.[39]

La simple acepción *barroco* no ha sido recogida sin lucha. Todavía hay quienes no la admiten con signo positivo, pero el número de éstos es cada vez menor.[40] El vocablo, que había sido sugerido para mofa de un arte sin clasicismo, ha venido a ser por paradoja histórica un concepto que se aviene con el sentido contemporáneo de las artes en la búsqueda sin fin de nuevos medios de expresión.[41] El estudio de la perspectiva cronológica aclara lo sucedido. Una singular anécdota ha ajustado el término. El siglo XVIII propagó la derrota del escolasticismo, y la *Encyclopédie* impuso una nueva manera filosófica. Esta "Weltanschauung" (la filosofía o la concepción del universo o de la vida que una persona tiene) suponía el estilo barroco como una tendencia caótica, bárbara, sin rigor científico y especialmente fanática. Encontraron la palabra *barroco* como la designación *ad hoc* para tal período: es decir, lo bautizaron con el nombre de un silogismo extravagante y ridículo.[42] La premisa general afirmativa (A) conducía a la premisa menor negativa particular (O), para concluir con un juicio particular negativo (O). Era, por tanto, un raciocinio rara. En esta trayectoria interpretativa, Winckelmann utilizaría el vocablo en 1755 para indicar un arte de mal gusto. Jacobo Burckhardt generalizó el concepto en el siglo XIX con una ligera variante; lo aplicaba en la arquitectura al momento de decadencia que siguió al Renacimiento, centrándolo en la expresión de la Contrarreforma en Italia, Alemania y España.

En el siglo XX, la historia del término dio un giro definitivo (Guerrero 43). Los métodos de estudio más rigurosos y exigentes y menos emocionales favorecieron este cambio. Un discípulo de Burckhardt formuló una nueva valorización. Heinrich Wölfflin abrió un nueva axiología a la crítica con su obra *Kunstgeschichtliche Grundbegriffe*, publicada en Munich, 1915. En ella se establece de forma positiva que el Barroco es un arte independiente, diferente del Renacimiento y de significación propia. Señala cinco categorías para probarlo: *Das Malerische* (como una pintura), *Tiene* (profundidad), *offene Form* (forma abierta), *Einheit* (unidad), *Unklarheit* (oscuro). Estas abstracciones críticas se oponen a otras tantas renacentistas: *Das Lineare* (el lineal), *Fläche* (plano), *geschlossene Form* (forma cerrada), *Vielheit* (múltiple/diverso) y *Klarheit* (claro). Quedaban así clasificadas las dos corrientes artísticas. De las categorías barrocas, la tercera ofrece notable interés, pues ha sido aplicada a la literatura. Wölfflin la explica en la forma siguiente:

> En el siglo XVI las partes del cuadro se ordenan en torno a un eje central, si no lo hay, ateniéndose a un perfecto equilibrio de las dos mitades del cuadro, lo cual, aunque no siempre se pueda definir fácilmente, se percibe muy bien por el contraste que ofrece frente a la ordenación libre del siglo XVII. Es un contraste como el que se designa en mecánica con los conceptos de equilibrio estable e instable. Pero el arte representativo del barroco va decididamente contra la afirmación de un eje central. Desaparecen las simetrías puras, o se disimulan con toda clase de desplazamientos del equilibrio. (179)

Oskar Walzel aplicó este concepto a la literatura en un substancioso estudio. Analizó la "Forma abierta" en la obra de Shakespeare, y llegó a la conclusión de que la variedad de énfasis en los actos, las agrupaciones asimétricas y el número de personajes menores, suponían una técnica barroca (3-35). Desde el ensayo de Walzel, 1916, se reconoce que este estilo abarca también las letras.

El Barroco es una corriente cultural que se refiere a todas las manifestaciones del arte. En ello están de acuerdo los críticos. Se ha precisado la época. Wellek lo fija entre las últimas décadas del siglo XVI hasta la mitad del siglo XVIII (87). Américo Castro coincide al colocarlo entre el Renacimiento y el Siglo de las Luces (168). En la vertiente hispanoamericana se prolongó con más insistencia en el siglo XVIII. Picón Salas posee reveladoras páginas sobre el tema (42-51). Se ha estudiado y fijado también su significación en la literatura. Fue una revolución de formas y de ideas, y no una mera secuencia del período anterior. El clasicismo, aunque admirado, no bastó para satisfacer el ansia de nuevas soluciones. Se creó un teatro propio. Lope de Vega dogmatizó los cánones. La poesía descubrió el poder lírico de la metáfora, y Góngora inició el rico y complejo culteranismo, el cual es un estilo literario que se caracterizó por la profusión de imágenes, el uso de cultismos y la construcción sintáctica complicada. (El conceptismo es el estilo literario que se interesó más por el juego de ideas y conceptos que por las complicaciones formales). La prosa se retorció ingeniosamente aplicando nuevos procedimientos expresivos. La sátira alcanzó su mayor hipérbole. En resumen, el artificio fabricó una nueva dimensión rompiendo los límites naturales, y dio un formidable impulso hacia la comprensión moderna del arte.

La literatura barroca acepta seis categorías fundamentales. El procedimiento empleado para su definición responde al método de Wölfflin. El suizo formuló "a posteriori" sus conceptos generales, después de haber acudido al estudio directo de las artes plásticas. El análisis de los textos hispánicos ha dado con fruto la determinación de un número de coordenadas o directrices." Éstas son: Arte de Corte, Educación cristiana, Forma abierta, Dinamismo, Hipérbole e Intensificación de los procedimientos estilísticos.

Herbert Cysarz sugirió el término *Hofkunst* para el barroco vienés (253). Tal designación puede ampliarse al estilo en general, porque es precisamente un *arte cortesano*. Durante el gobierno de los Hapsburgos, el sistema social estuvo regulado desde la corte de los reyes de España o desde las cortes virreinales de México y Perú en América. En aquella sociedad palaciega el nacimiento daba el rango y la categoría. Existió, como ha señalado Gustavo Correa, una honra inmanente (44). La literatura giraba en la política de palacio, y, por tanto, la carrera de letras podía significar una escala segura para subir en el riguroso orden jerárquico establecido. Un sentido aristocrático determinó la expresión de las artes. La educación correspondía al estado de hidalguía y era privativa de la nobleza. Los distingos sociales impusieron una fórmula cortés por la que las cosas se expresaban sin especificarse. Fue una retórica de ingenio o de bien decir. Se esmeró la galanura, se pulimentó la corrección. Algún malicioso pudo haber dicho que esta etiqueta consistió en la manera de quitarse el sombrero. Paralelamente exigía una actitud de representación. El cortesano requería un público. Günther Müller ha señalado con penetración este aspecto (85). El estilo barroco buscó impresionar. Acudió especialmente a las formas dramáticas, porque eran el mejor medio para crear el espectáculo. Ruiz de Alarcón se refirió, así lo han indicado Henríquez Ureña y Alfonso Reyes, a la cortesía como una manera necesaria en la vida. El dramaturgo seguía en ello la trayectoria general de la época; por eso, las fórmulas corteses de Calderón se escucharon con gusto en Lima y México. En la poesía, esta tendencia se reflejó en el gusto de enmascarar la confesión directa. Una academia de metáforas escondía el hilo narrativo. El énfasis se acentuó en el esfuerzo ingenioso. Góngora fue el mago de la palabra, y la época tuvo fervientes admiradores y seguidores. Más tarde los simbolistas lo escogerían por maestro. En América, Juan de Espinosa se declaró su defensor más fervoroso (72). El colombiano Hernando Domínguez Camargo, autor del *Poema Heroico de San Ignacio de Loyola*, 1666, siguió con entusiasmo inigualado la lección del cordobés, Góngora. La emoción quedó relegada a un rincón y venció la tensión intelectual y el juego de palabras. Teniendo esto presente, podría defenderse la tesis de que la lírica de Sor Juana fue más un producto de química literaria que eco real de desengaños amorosos. Finalmente esta concepción palaciega predisponía a la alabanza. Por eso, la poesía obtuvo a veces fines laudatorios. Así el peruano Pedro de Peralta y Barnuevo compuso un *Canto Panegírico o Poesías en Celebración del Maravilloso Tiro con que el Príncipe Nuestro Señor Mató un Feroz Toro*, el que está en la misma tónica de aquel *Anfiteatro de Felipe el Grande, Rey Católico de las Españas...Contiene los Elogios que han Celebrado la Suerte que Hizo en el Toro*, que recogió José Pellicer en Madrid, 1631.

La segunda categoría del Barroco es la *Educación Cristiana*. Es un arte de eclesiásticos y monjas, si no de licenciados ambiciosos. Los ejemplos de virtud ayudaron a comprender el sentido de la tribulación humana. Las alegorías popularizadas en la Edad Media sirvieron para ilustrar el dramatismo de la situación del hombre en el teatro del mundo. La "cosmovisión" se asentó en una inamovible ortodoxia cristiana. El *auto sacramental*, un tipo de representación de evidente abolengo medieval, adquirió su expresión más perfecta. Calderón fue el maestro inigualado y, entre sus numerosos discípulos, Sor Juana Inés de la Cruz ocupó un lugar preclaro con *El Divino Narciso*. Esta ansia doctrinal, investida de razón dialéctica, trató de dar soluciones a toda clase de preguntas o problemas, incluso en aquellos casos en que sólo una endeble hipótesis cabía formularse. La Contrarreforma, campeona de las ideas del Concilio de Trento (1563), participó activamente en todo tipo de manifestación artística. Esto permitió a críticos como Joseph Nadler,

Werner Weisbach y Paul Hankamer insistir en el sentido contrarreformista del Barroco.⁴⁵ La orden de la Compañía de Jesús fue la que encauzó con más entusiasmo este apostolado. La filosofía tenía raíces senequistas, como puede verse en el *Tratado de la Tribulación*, 1589, de Pedro de Ribadeneyra. En la historia se hizo una laudable tarea; un ejemplo fundamental es la *Historia Natural y Moral de las Indias*, de José de Acosta, obra de excelente documentación informativa, a la vez que, en ocasiones, peregrina. En la literatura podía advertirse sin dificultad una manera religiosa. La épica reflejó este influjo en obras como *La Christiada*, 1611, compuesta en el Perú por el dominico español Diego de Hojeda, y que es la epopeya de Cristo. La educación recibida supuso que los personajes "mundanos" se acercaran también a la temática sacra. Mateo Alemán, creador del famoso pícaro Guzmán, se olvidó del género para componer en sus últimos años, en Nueva España, una vida devota, *Sucesos de Fray García Guerra, Arzobispo de Méjico*. Valle Caviedes, probablemente el satírico más audaz e intencionado del virreinato, español "acriollado" en el Perú, aportó una producción religiosa, que se destaca en la edición de Vargas Ugarte.⁴⁶ En resumen, el fervor religioso se debió primordialmente al tipo de educación de la época el cual tuvo uno de sus pilares más firmes en la actitud tridentina.

La categoría tercera es la *Forma abierta*. Aceptamos la denominación de Wölfflin. El arte barroco, como ha indicado el crítico suizo, carece de un eje central que establezca una simetría de elementos. La unidad está conseguida por la subordinación de las acciones secundarias. El tema principal ofrece una unidad mental. La obra literaria así concebida posee más vitalidad y más posibilidades creadoras y también más riqueza de imaginación. Escojamos como ejemplo el poema épico *El Bernardo o Victoria de Roncesvalles*, 1624, de Bernardo de Balbuena, Obispo de Puerto Rico. Esta obra ha sido estudiada por Van Horne y Frank Pierce, y ambos han coincidido en subrayar la complejidad temática y la diferencia de énfasis en los diversos cantos.⁴⁷ La conclusión de Pierce es iluminadora. Establece el "uso de profundidad y movimiento frente a la armonía superficial y equilibrada" del Renacimiento (Pierce 22). La urdimbre de las descripciones y el artificio poético ofrecen una línea ondulada con variedad en la fuerza de expresión. En los poemas extensos, en general, se advierte esta propensión a la multiplicidad de ejes subordinados. El detalle obtiene suma importancia. La escuela culterana debe situarse también bajo esta categoría. Los símbolos y las metáforas adquieren inusitada proyección y el estilo participa de la retorsión normativa, como

## Clásicos de la Literatura Hispanoamericana

puede observarse en el uso de hipérbaton. Barroco es tensión, es lucha por un fin deseable. Especie de situación desesperada con esperanza y con abundancia de contrastes. Un ejemplo, en la dramática, de lo que acabamos de decir son las escenas primeras de *Las Paredes Oyen*, de Ruiz de Alarcón. Juan de Mendoza, el protagonista, ocupa una situación inestable en sus amores, pero tiene esperanzas. Podríamos fijarnos también en los contrastes violentos de la obra. El personaje citado es espejo de pulido cortesano; su antagonista don Mendo lo es, en cambio, de maledicencia. Por lo tanto éste es un arte fecundo en su desequilibrio o falta de estabilidad estructural.

*Dinamismo* es la cuarta categoría. Se percibe en el ademán violento, en la metamorfosis de la imagen, en la acumulación de episodios. *La Comedia de Enredo* fue el nuevo tipo de la dramática que ilustra las facetas indicadas como vemos en *Los Empeños de una Casa*, de Sor Juana Inés de la Cruz. En el escenario, el Barroco es arte de tramoya, de movimiento y de cambio rápido de escenas. El decorado y la escenografía en general obtuvieron una función preponderante. Los personajes literarios estaban provistos del magnetismo de la peripecia. Tirso de Molina creó la figura barroca de Don Juan, a la que Américo Castro ha llamado "vendaval erótico". El fraile mercedario vivió tres años en la isla de Santo Domingo y compuso dos comedias de temas americanos con abundancia de episodios, tituladas *Amazonas en las Indias* y *La Lealtad Contra la Envidia*, que aparecieron en la *Cuarta Parte*, 1635. En esta línea participó también el mesurado Ruiz de Alarcón con obras como *El Anticristo* y *El Tejedor de Segovia*. Calderón, que recogió esta corriente y que ofreció la forma más cumplida, triunfó en los teatros americanos. *El Gran Príncipe de Fez* fue representado en el Colegio de San Pablo, en Lima, 1674, y la zarzuela *La Púrpura de la Rosa* fue estrenada en Lima en 1701, en honor del cumpleaños de Felipe V.[48] La representación teatral evolucionó hacia la ópera, considerada como la síntesis de las artes. El ímpetu desbarató la reflexión clásica, y la intuición sobrepasó el canon.

La *Hipérbole* es la quinta categoría. Se prefirieron las actitudes extremas. Se deseó ante todo ser un asombroso prodigio, un monstruo de ingenio. Virtuosos precoces fueron Bernardo de Balbuena, Sor Juana Inés de la Cruz, y Carlos de Sigüenza y Góngora. El énfasis y el ademán exagerado dieron hinchazón a la prosa. Los descontentos amplificaron la sátira conceptista. Los símiles se hicieron sorprendentes por su audacia o por su maligna intención. Valle Caviedes cultivó con singular donaire el género agudo y maldiciente en su popular *Diente del Parnaso*, en el que con vena

jocosa se burlaba de los médicos. Este tópico lo había manejado Quevedo con marcado efecto. La elaboración dio volutas al estilo y la poesía se hizo geometría. Las fórmulas requirieron una actitud desbordante y peregrina. Puede servir de ilustración un fragmento del romance decasílabo que "Pinta la Proporción Hermosa de la Excelentísima Señora Condesa de Paredes", de Sor Juana, en el que el trabajado metro refuerza el extraordinario acento. El Barroco se muestra así como un poderoso esfuerzo por ir más allá de los límites ordinarios.
La sexta categoría responde a la técnica del estilo. Es la *Intensificación de los procedimientos estilísticos*. Las características mencionadas hasta ahora se reflejaron en la manera de escribir. La antítesis, el asíndeton, el contraste, el hipérbaton, la hipérbole— figura retórica, el oxímoron y la paradoja fueron utilizados en fuertes dosis. Ello no ha escapado a la atención de la crítica. Karl Viëtor y Robert Ernest Curtius han estudiado la retórica de este período.[49] El ejemplo de la mayor complacencia técnica y del más feliz resultado es el *Primero Sueño*, de Sor Juana, cuyo comienzo dice:

> Piramidal, funesta, de la tierra
> nacida sombra, al Cielo encaminaba
> de vanos obeliscos punta altiva,
> escalar pretendiendo las estrellas.

(Méndez Plancarte 335)

Otro caso apropiado es el *Oriental Planeta Evangélico*, de Sigüenza y Góngora. En ambos poemas, tanto en el de la monja jerónima como en el del aspirante a jesuita, el uso de los procedimientos expresivos es muy rico e intenso.
Las seis categorías señaladas se complementan entre sí y a veces irrumpen en el campo ajeno, pues, en definitiva, son abstracciones útiles para guiar al estudioso por la selva intelectual de este estilo.
En conclusión, el Barroco se extendió con similar riqueza y abundancia a los dos lados del Atlántico. Quizá en la vertiente americana se pueda observar una mayor insistencia en el adorno y una mayor persistencia en las letras del siglo XVIII que en la peninsular. Se trata de un estilo de signo hispánico que ocupa un lugar preponderante en la historia del arte y las letras occidentales.[50]
La influencia barroca es predominante en los mejores autores, como Bernardo de Balbuena, Juan del Valle Caviedes, Carlos de Sigüenza y Góngora y Sor Juana Inés de la Cruz por lo que toca a la poesía. En el teatro, la figura de Juan Ruiz de Alarcón es notable.

# Clásicos de la Literatura Hispanoamericana

La narrativa es escasa, sin embargo, destaca el relato novelesco, como *Los Infortunios de Alonso Ramírez* también de Carlos de Sigüenza y Gongora. Veremos un panorama general de estos escritores, con más atención a Bernardo de Balbuena, Juan Ruiz de Alarcón, Juan del Valle Caviedes, Carlos de Sigüenza y Góngora y Sor Juana Inés de la Cruz.

# CAPÍTULO V

## LA POESÍA BARROCA DE BERNARDO DE BALBUENA

> En arte lo que vale es el resultado de claridad y, en cuanto a eso, no podría ponerse en duda que Bernardo de Balbuena fue gran poeta; él supo su propio valor, ansió la gloria que por eso le correspondía y, con las altas y bajas de toda humana fortuna, su nombre y sus escritos han llegado hasta nuestros días.
> José Rojas Garcidueñas

### Introducción

Bernardo de Balbuena es un escritor exuberante, difícil de interpretar. La fantasía e inspiración son riquísimas. La multitud de matices y elementos dificultan la visión total. A veces, el fervor creador desampara el cuidado del detalle (Roggiano 216). Es polivalente, fecundo en imágenes y en palabras. Menéndez y Pelayo nos ha dado un juicio de aproximación a su poesía:

> Tan nueva en castellano..., tan opulenta de color, tan profusa de ornamentos, tan amena y fácil, tan blando y regalada al oído cuando el autor quiere, tan osada y robusta a veces y acompañada siempre de un no sé qué original y exótico, que con su singularidad le presta realce, y que en las imitaciones mismas que hace de los antiguos se discierne. (55)

Tipo singular el de este obispo[51] que unió la sensibilidad a la ambición. En este capítulo pienso mostrar que la obra de Balbuena presenta un proceso de intensificación caracterizante de una época de transición. La *Grandeza Mexicana* posee un sobrio tono renacentista. El *Siglo de Oro, en las Selvas de Erífile* resalta por su esmerada pulcritud en una tradición clásica a lo Garcilaso. El *Bernardo*, su obra magna, en la que trabajó durante gran parte de su vida, significa el triunfo del estallante estilo barroco.[52]

# Clásicos de la Literatura Hispanoamericana

## Obra

El poema de la *Grandeza Mexicana* apareció publicado con un proemio *Carta al Arcediano* y con un *Compendio Apologético en Alabanza de la Poesía* en forma de epílogo,[13] ambos de valor histórico. La obra está dedicada a Isabel de Tovar y Guzmán. El poema en tercetos que da título al volumen mantiene una extremada nobleza de suave empaque. Es un panegírico de la bella ciudad. Está dividido en nueve capítulos que tratan sobre los temas siguientes: el asiento de la famosa México; el origen y la grandeza de sus edificios; los caballos, calles, trato y cumplimiento; las letras, virtudes y variedad de oficios; los regalos y ocasiones de contento; la primavera inmortal y sus indicios; sobre el gobierno ilustre; la religión y estado; finalmente el último capítulo es un resumen de las glorias de la real villa. Emoción y habilidad poética se unen para cantar la gran urbe (Bell 371).

El poema lleva este subtítulo: *Carta del Bachiller Bernardo de Balbuena a la Señora Doña Isabel de Tobar y Guzmán. Describiendo la Famosa Ciudad de México y sus Grandezas*, y en una octava preliminar condensa el contenido, el que llama *Argumento*, versos que conviene citar porque ellos dan la pauta y estructura del poema todo:

Argumento

De la famosa México el asiento,
Origen y grandeza de edificios,
Caballos, calles, teatro, cumplimiento,
Letras, virtudes, variedad de oficios,
Regalos, ocasiones de contento,
Primavera inmortal y sus indicios,
Gobierno ilustre, religión, estado,
Todo en este discursos está cifrado. (Balbuena 18)

Cada uno de los versos de esa octava da el enunciado y contenido de un capítulo, excepto el penúltimo, que sirve para dos capítulos, con lo cual el total de estos es de nueve, con un promedio de sesenta y tantos tercetos en cada capítulo a excepción del último cuya extensión es el doble del promedio de los demás.

Según lo dicho, el primer verso del *Argumento* es el título del capítulo primero. Los primeros veintitrés tercetos glosan o amplían la dedicatoria de la obra a doña Isabel de Tobar y luego entra en material, podríamos decir, con una breve alusión geográfica que se convierte en descripción del paisaje, idealizado al modo renacentista como es usual en Balbuena; elogio del sitio y del clima, del movimiento del tráfago que anima el afán de lucro, codicia "por todas partes" que el autor no censura, pues sus idealizaciones son pura influencia literaria y él demuestra un espíritu objetivo, realista, cuando emite juicios al margen de sus modelos humanistas. Así dedica diez y ocho tercetos a demostrar que todas las gentes se mueven y las cosas se hacen por solo el interés y sólo por él trabajan y actúan el Labrador, el soldado, el mercader, el actor, etc., de tal modo que total y exclusivamente es el afán de medro, es el interés el "...sol que al mundo vivifica...conserva, rige y acrecienta...", y tal es el orden en este suelo (García 58).

En el capítulo II hay muy interesantes referencias para quien se interese por la historia de la cuidad de México, en lo urbanístico y arquitectónico (tercetos 30-51), pues cuenta que ya entonces, en 1602, los edificios pesados, como los templos, se hundían poco a poco en "el delgado suelo", que sus portadas eran ricas en esculturas y de estilo corintio, aunque también menciona los otros órdenes clásicos y nos damos cuenta que México debe de haber sido, durante algunos años, la ciudad arquitectónicamente más renacentista en todo el vasto imperio español.

En la enumeración casi analítica de las cualidades, dones y características, siempre encomiásticas, que la ciudad ofrece o muestra, no podía faltar y no falta el clima de "eterna primavera", otra leyenda que perdura y que sólo un moderno afán de precisión y de exacta medida tiende a modificar; porque si Pedro Henríquez Ureña habló de lo "otoñal" no fue una mera oposición de equinoccios en metáfora sino que él acentuó mejor el significado hablando de lo "crepuscular", en cuanto a matices y medios tonos, que a partir de una base climática o ambiental de Anáhuac alcanza al carácter y, por lo mismo, a la expresión de lo mexicano en las letras y en las artes. Tales concordancias y correspondencias serían totalmente extrañas al objetivismo idealizado que es propio del Renacimiento; así que la "Primavera inmortal y sus indicios", del capítulo VI de la *Grandeza* debe interpretarse muy literalmente y dentro de aquella "imitación de la naturaleza", que de Aristóteles y Horacio pasa a informar todo el arte renacentista (Torres "De la Utopía Poética en *Grandeza Mexicana* de Bernardo de Balbuena" 89).

Sirven unos endecasílabos más de Balbuena para ensalzar cortésmente la hermosa y poderosa ciudad:

> Es México en los mundos de occidente
> una imperial ciudad de gran distrito,

## Clásicos de la Literatura Hispanoamericana

sitio, concurso y población de gente,
rodeada en cristalino circuito
de dos lagunas, puesta encima de ellas
con deleites de un número infinito,
huertas, jardines, recreaciones bellas
salidas de placer y de holgura,
por tierra y agua a cuanto nace en ellas,
en veintiún grados de Boreal altura,
sobre un delgado suelo y planta viva,
calles y casas llenas de hermosura... (25)

El *Siglo de Oro*... es un poema pastoril, dividido en doce églogas que alternan prosa y verso, dedicado al Conde de Lemos. Imita a Virgilio, a Petrarca, a Sannazaro.[54] El estilo, de acuerdo con el género, es melodioso y de plácida belleza. La silva de la octava égloga demuestra particular maestría:

Nace el invierno, y a las tiernas rosas
sucede un cierzo que con soplo helado
desnudo deja al campo de frescura:
mueren secas las flores en el prado
si queda en las riberas más umbrosas
rastro de su pasada hermosura.
Y mientras esto dura,
y con la blanca nieve
toda la sierra llueve
arroyos sin razón a la llanura,
ni suena caramillo, ni hay quien diga
en tonos de dulzura
primores o querella de su amiga.
También quien viere el campo de esta suerte,
apenas quedará con esperanza
De verlo en su pasada primavera
En todo imprime el tiempo su mudanza,
y todo tiene fin, sino esta muerte
en que Tirrena gusta que yo muera.[55] (162-163)

En algunos momentos sigue muy de cerca el modelo elegido, como en el caso del poema "Aguas claras y puras", adaptación del "Chiare, freshce e dolci acque", de Petrarca.

El tema de la obra es de una extremada simplicidad: en un hermoso valle, regado por un fresco manantial en donde habita la ninfa Erírile, discurren muchos pastores que en conversaciones y hasta en monólogos cuentan de sus amores, los celos, las penas y las alegrías, la belleza de las pastoras a quienes aman, sus favores, esperanzas o desdenes y a veces, ocasionalmente, narran o muestran los trabajos de las propias tareas, los ciudadanos de sus respectivos oficios y hasta las diversiones y juegos de su rústica vida (González, Alfonso 962). No hay conflicto central ni más plan que la pura sucesión de los cantos y las narraciones de los pastores.

En la atmósfera arcádica que presenta no vacila en introducir el retrato velado de la amada, Isabel de Tovar, a quien identifica en un soneto acróstico que comienza "Dulce regalo de mi pensamiento". Para ella son los acentos más inspirados, como la descripción de sus ojos; "hermosos ojos de esmeraldas finas". El futuro obispo seguía la moda cortesana de cantar platónicamente a una dama. Así el "divino" Fernando de Herrera había inmortalizado a doña Leonor de Milán, condesa de Gelves, con sus versos, en Sevilla.

No debe esperarse encontrar en tales personajes como Isabel de Tovar ni hay preocupación alguna por diseñar individualidades psicológicas. Ello no es cosa que se encuentre en ese género de relatos poemáticos ni en otros de la misma época; bien se puede afirmar que, en la literatura del siglo XVI, cuando la mirada y la pluma del autor penetran y ahondan en el interior de un personaje es un hecho del todo excepcional, en los casos de obras tocadas por el genio. Los pastores que habitan las selvas de Erífile sólo se distinguen porque unos son jóvenes y otros hombres maduros, éstos fuertes y ágiles aquellos, quienes son felices en su amor y sufren de celos; las pastoras a las que se alude son, tal vez por ausentes, aun más indiferenciadas: todas son jóvenes y todas son bellas, casi todas de hermoso pelo rubio, y no sabemos más de tan gentiles figuras. No son personajes humanos, son figuras de un tapiz y de una alegoría. Es como si, vueltas móviles y animadas las figuras de "La Primavera" de Botticelli, se pusieran a decir y a contar amorosos coloquios y suaves églogas pastoriles.

El ambiente es todavía más artificioso, más compuesto e idealizado: "La extraordinaria hermosura de una clara y limpia fontezuela, que con sus dulcísimas aguas lo mejor de aquel valle riega...", o bien "una selva que se levanta no de altura descompasada, más de tan agradable arboleda...". Arroyos límpidos y murmurantes, fresca la sombra de los árboles frondosos y poblados de gorjeos, mullido el césped, prados floridos, agradables las tareas pastoriles y agrícolas, vida tranquila y sosegada, como lo dice el pastor Florencia:

Dulce es la historia de la vida nuestra;
Aquí se muestra vivo el Siglo de Oro,
Rico tesoro a pocos descubierto. (32)

Temas clásicos, tradicionales, no podían faltar, y no falta la referencia a lo marcesible de los dones al paso del tiempo, una forma del *carpe diem* horaciano, como se lee en el soneto que escribe la figura de un sátiro viejo, rodeado de torsos relieves de jóvenes ninfas, escena tallada en añoso tronco:

> Mientras que por la limpia y tersa frente
> ese cabello de oro ensortijado
> al fresco viento vuela marañado
> sobre las tiernas rosas del oriente;
>
> mientras la primavera está presente
> dese clavel, sobre marfil sentado:
> coged las flores y alegrías del prado,
> que el tiempo corre, huye y no se siente.
>
> ¿De qué fruto os será la hermosura
> cuando el invierno vista de su nieva
> la lumber de oro y encarnadas rosas?
>
> Si la edad pasa, el tiempo la apresura;
> las horas vuelan, y en su curso breve
> hallan y tiene fin todas las cosas. (44)

En los versos usa de manera predominante los metros nuevos y combinados en las formas traídas de Italia: endecasílabos, en sonetos, en tercetos y combinados de diversos modos; las rimas son muy variadas, como es lógico en el considerable número de poemas que hay en la obra, por lo cual no pretendo señalar sus variantes pero tampoco quiero dejar de mencionar que es frecuente encontrar no sólo la rima usual de los finales de los versos sino también rima interna, que llamaron, entonces, verso partido, rimando el final de un endecasílabo con la cuarta o quinta sílaba del siguiente, siguiendo en esto, como en otras cosas los ejemplos de Garcilaso de la Vega y de otros renacentistas (Rojas Garcidueñas 67).

De tal manera que las únicas contrariedades, penas y dolores, son los que surgen de los amores entorpecidos por obstáculos o no correspondidos pero que, en cambio, cuando tienen éxito feliz colman la dicha de esa existencia ya tan propicia a ello.

El proceso de intensificación estilística puede observarse en composiciones como el soneto "Hebras del Oro que el Oriente Envía" (65) o el romance que pronuncia Gracildo, "Encrespados Riscos de Oro" (60-63), en las que se anuncia la complicación barroca. Rennert ha alabado el libro con entusiasmo:

> Balbuena excels in his descriptions of nature; in this respect he surpasses all other Spanish writers of pastoral romances...it is, however, only from his eclogues that we can form a just conception of the genius of Balbuena. They have been pronounced second only to those of Garcilaso de la Vega. (167)

*El Bernardo del Carpio o la Victoria de Roncesvalles* fue publicado al final de la vida de don Bernardo. Sabemos que ya en 1600 tenía gran parte del poema escrito. El autor pulió, reelaboró y añadió hasta que la obra vio la luz en 1624, compuesta en veinticinco libros, con cinco mil octavas y cuarenta mil versos. Con los modelos de la épica italiana presentes, la obra de Balbuena aporta una nueva concepción estilística. El acento nacional es esencial para el entendimiento del poema. El héroe español Bernardo del Carpio se opone simbólicamente al mito de Roland—Orlando en la interpretación de Boiardo y Ariosto. Aunque las fuentes son de origen clásico, han sido modificadas e interpretadas libremente.

Bernardo del Carpio, hijo del conde Saldaña y de la hermana de Alfonso el Casto, ha sido educado por el mago Orontes. Las hadas, enfurecidas por el orgullo de Carlomagno, lo designan para que se enfrente con él y sus doce pares. Para llevar a cabo tal hazaña Bernardo debe poseer las armas de Aquiles. Salva la vida del rey Alfonso el Casto y parte para Oriente. Sigue muchas aventuras hasta que logra obtener las armas codiciadas. En la batalla de Roncesvalles mata a Orlando y los ejércitos hispánicos vencen a los extranjeros.[56]

La trama principal se pierde en la riqueza de las narraciones subordinadas. El número de personajes que irrumpen en la acción es cuantioso.[57] Unos ejemplos del *Bernardo* nos proveerán del sabor barroco de la obra.

Participa del tema de la fugacidad de la vida, tan repetido en el siglo del desengaño (Rodilla León 68). Calderón nos daría en esta tradición senequista el hermoso soneto "Estas que fueron pompa y alegría...", incluido en *El Príncipe Constante*. Balbuena nos ofrece una pulida octava real:

# Clásicos de la Literatura Hispanoamericana

> ¿Quién no conoce de la humana suerte
> que al fin, por bien que del morir rehuya,
> le ha de alcanzar del tiempo el golpe fuerte
> que los regates y el huir concluya?
> Si ningún vivo se libró de muerte
> loco es quien piensa rescatar la suya
> y más sí, por la carga desabrida
> de un vivir breve, pierde inmortal vida.
> (Balbuena *Poesía Lírica* 72)

Cercano está el obispo a aquellas reflexiones severas que Valdés Leal inmortalizó en la pintura. La anécdota se reviste de ornamentación, las imágenes esconden el curso de la anécdota, y los mitos la ilustran en un procedimiento netamente gongorino.[18]

> ¿Quién ha visto en un águila enroscada
> víbora azul, o pardo cocodrilo
> a una palma enredarse levantada
> de las crecientes del vadoso Nilo?
> ¿o a Mercurio en su vara celebrada
> de dos serpientes el nudoso hilo?
> tal parecían los dos, y en tal hechura,
> él en la rabia, y ella en la figura. (85)

El verso se hace dinámico, y un sentido cósmico perfila la técnica del claroscuro:

> Ya en esto el carro de la luz, volcando
> el oro y rosicler del horizonte,
> sus argentadas crústulas bañando
> de ámbar, bajaba a la raíz del monje
> las blancas playas del Japón buscando
> que en los de España aguardan se transmonte
> para hacer del barniz de aquella esfera
> el nácar de su aurora y luz primera. (87)

Lo macabro y lo horripilante son acogidos en la nueva actitud estética:

> Por los campos, sepulcros olvidados
> se han visto temerosamente abiertos,
> y los enjutos cuerpos descarnados,
> de triste amarillez salir cubiertos:

Los ojos sin mover embelesados,
la voz sin fuerza, los cabellos yertos,
pregonando desdichas no pensadas,
con los vivos trocaron sus moradas. (92)

En las octavas citadas puede observarse el retorcimiento de la frase por el hipérbaton, el cual es una figura que consiste en alterar el orden que las palabras deben tener en el discurso con arreglo a las leyes de la sintaxis llamada regular. El orden lógico se subordina a lo estético. Hay énfasis, hipérbole y juegos de contrastes. Nos encontramos lejos, por tanto, de la serena concepción de las obras anteriores. Ahora vibra la tensión y vence la *forma abierta*. Pierce ha aludido a la "expresión pictórica semejante a la de Góngora en su manera de encontrarla, que alcanza cualidades de una orgía de color y movimientos".[58]

El simbolismo y la diversidad de planos en que *El Bernardo* se mueve y se desenvuelve es lo que me parece más importante y decisivo para clasificar de barroca dicha epopeya: exactamente en sus líneas finales (libro XXIV), esos planos se muestran claros y muy recargados en su intención simbólica: cae muerto Roldán, que es el más insigne de los Pares de Francia, bajo las estocadas del mejor caballero español, en duelo personal, todos ellos como quintaesencia de los géneros y del sentir medievalmente caballeresco; pero el prólogo nos ha advertido que Roldán es, también, Héctor y el herido, Bernardo, es Aquiles, por modo de una especie de metamorfosis espiritual, pero las armas con que vence son las del Aquiles original de la gesta troyana, en todo lo cual vive y actúa el elemento clásico; y en la final "Alegoría" el tercer elemento, el simbólico, en su afán trascendentalista alcanza a poner el toque último con el definitivo triunfo de la muerte, por encima de los héroes medievales y antiguos, por encima de los poderes mágicos y por encima de todo, la cual corresponde a lo más íntimo del sentido de lo barroco, ya en eso fundamentalmente distanciado del vitalismo renacentista (Peña 246). La "Alegría" de ese vigésimo cuarto libro dice, al terminar:

> ...En la discordia de Bernardo, Orlando y Morgante se muestra cómo la soberbia y arrogancia, ni aun en su favor no admite compañía; y en la hermosura de Ascanio, lo poco que puede la confianza humana cuando no viene apoyada en grandes fundamentos de virtud; y en las muertes de Reynaldos y los demás paladines, y últimamente

en la de Orlando [Rolando, Roldán, Roland], que era encantado, muerto por Bernardo con la espada Blaisarda, muestra que no hay encantamento, armas de defensa, que basten contra la muerte. (67)

Todo este larguísimo poema, donde tantas cosas acaecen, viene a terminar en esa última consideración y su última palabra es "muerte". Héroes, caballeros, armaduras lujosas y encantadas, libro de fórmulas mágicas, todo cae rodando al interior de un sepulcro, todo lo cubre el sudario del recuerdo de la muerte. ¿No es eso, exactamente, un vasto cuadro del gran barroco español, Juan de Valdés Leal?

*El Bernardo* prueba el proceso de intensificación de procedimientos estilísticos y cierra la evolución literaria de Balbuena.

Por sus obras y por su vida misma, Bernardo de Balbuena es un egregio representante de su tiempo y de su patria: español y novohispano, fue asimismo un claro ejemplo de la ambivalencia cultural de su momento: renacentista y barroco, mas no propiamente como transición o puente de una a otra de esas formas de la cultura moderna, sino co-partícipe de ambas, en la medida en que eso era posible habida cuenta de las limitaciones que tuvo siempre el Renacimiento español y que el barroco, durante los años de Balbuena, apenas fue germinación y promesa de lo que medio siglo después alcanzó florecimiento y plenitud.

## CAPÍTULO VI

### EL TEATRO DE JUAN RUIZ DE ALARCÓN

En toda galería mexicana corresponde a Alarcón el primer capítulo. Su obra es la primera manifestación eminente y de valor internacional sobre eso que ya puede llamarse el espíritu mexicano... acojamos nosotros con los brazos abiertos al gran poeta de la razón, del sosiego y la urbanidad, al gran mexicano sufrido, paciente y altivo, tan superior a sus desgracias, tan parecido a nuestra historia.

Alfonso Reyes

### Introducción

En el Siglo de Oro se ofrece el caso interesante de la obra de Juan Ruiz de Alarcón,[60] mexicano que obtuvo en la corte española el galardón de dramaturgo famoso. Fue alabado por su maestría escénica, e inició el teatro moderno de personajes.[61]

Llegó a España en 1613. Su aptitud para el teatro le facilitó un "modus vivendi", que se prolongaría hasta que recibiera el puesto de Relator Interino del Consejo de Indias. Comenzó a representar sus obras en la capital española hacia 1616, con las que se calificó como un discípulo de la escuela de Lope de Vega. *El Arte Nueva de Hacer Comedias en este Tiempo* del "Monstruo de la naturaleza" había codificado la revolución teatral moderna, y derrocaba en España la teoría clasicista defendida en el Renacimiento. El italiano Castelvetro había llegado incluso a señalar la regla de las tres unidades (72). Lope de Vega apartó la posibilidad de un teatro limitado en un clasicismo "ex tempore" al proclamar unas fuentes de inspiración más amplias. Los nuevos principios dramáticos abarcaban desde la filosofía de la representación hasta su estructura técnica. Se partía del concepto de que el arte imita la naturaleza, en la que lo grave y lo cómico se dan simultáneamente.[62] Se recomendaba una unidad de acción y que la solución del nudo dramático no se resolviera hasta las últimas escenas. Se insistía en la propiedad o *decorum* de las figuras y su manera de expresarse. La condición del buen escritor era la de "imitar lo verosímil". La duración de la

# Clásicos de la Literatura Hispanoamericana

pieza, dividida en tres jornadas, no debía exceder tres horas. Finalmente se aconsejaban diferentes clases de estrofas según la situación dramática.[63]

## Lo Original de las Obras Teatrales de Alarcón

Ruiz de Alarcón, como Tirso de Molina, o Mira de Amescua, se adaptó a este patrón teatral.[64] Esto no implica que Alarcón no tenga un sello personal y diferenciador en su obra (Concha 359). En este capítulo pienso mostrar que por el contrario, el dramaturgo afirmó dentro de la escuela una manera "sui generis". Ya Juan Pérez de Montalbán se refirió a la "extrañeza" (545) del desenvolvimiento de la intriga. Una serie de circunstancias personales—fealdad, corcova, ambición, una linaje mediano, sentimentalismo—le confirieron coordenadas originales.[65] Además de esto, se pueden observar ciertas tendencias en su labor creativa—cortesía, sátira, frío razonamiento—, que, aunque aplicables a muchos de los escritores de la época, pueden ser explicadas forzando la cuestión como reflejos de una idiosincrasia americana. Así lo han hecho Pedro Henríquez Ureña, Alfonso Reyes y Julio Jiménez Rueda.[66] El crítico dominicano inició esta corriente *mexicanista* señalando "los tonos suaves, de emociones discretas", la "nota de discreción y sobriedad", "los dones de observación", la "cortesía" y el especial sentido del honor.

Las *comedias* de Alarcón invitan a conocer las costumbres de la época a través de una moderada censura—ojos de forastero podrían ser. La sociedad madrileña difería de la mexicana de la colonia, y el contraste de las dos aguzó los poderes de observación del autor de *La Verdad Sospechosa*, y con ello cierto tono reflexivo. Le faltó, sin embargo, la iluminada invención o el rapto lírico de un Lope de Vega o de un Vélez de Guevara. En el caso del mexicano, la poesía se transformó en meditación; el juego de ingenio, en sátira. Alarcón se hizo un psicólogo de sutil pragmatismo. Recogió observaciones reales de la vida cotidiana y las trasplantó al teatro. Precisamente esta tendencia le dio un tono opaco que no concertó con el gusto del público. La corriente general del teatro del Siglo de Oro se basaba en la imaginación y el dinamismo. Por imaginación se entendía la metáfora brillante o la invención que hacía plausible lo extraordinario. Por dinamismo, el gobierno de un ritmo acelerado, que establecía una rápida sucesión de hechos, favoreciendo el cambio de escena. El arte consistía en hacer volar las imaginaciones del espectador por un mundo posible de maravillas. Los telones de los teatros populares hacían las veces de decorados. El espectador debía de ser sugestionado por la representación. La dramática de Alarcón aminoraba estas características. El ritmo de su *comedia*, salvo en algún ejemplo, como *El Tejedor de Segovia* o *El Anticristo*, tendía a ser contenido o calculado: "Reduce los monólogos", dice Henríquez Ureña, "las digresiones, los arranques líricos, las largas pláticas y disputas llenas de chispeantes y brillantes juegos de ingenio".[67] La psicología alarconiana dejó malparada la fantasía. El mexicano, además, defendió—en contra de la tendencia general— a los ministros de justicia, a los criados, a los que practicaban oficios que se nombraban en la época despectivamente—como los de los sastres y los sombrereros—en un intento de igualar los derechos de ciudadanía. Quizá llevado por el recuerdo de una sociedad—la mexicana—en donde el peso de la tradición era leve, y en la que lo útil se apreciaba debidamente. Pudo haber contribuido a esta actitud su educación jurídica. En todo caso, osadamente no aceptó los lugares comunes de burla sobre estos tipos representativos. No fue un dramaturgo popular. En la *Primera Parte* introdujo un apóstrofe "al vulgo" en el que se queja de la injusta acogida que éste le había deparado y lo llama *Bestia Fiera*.[68]

La prudente ordenación y el trabajado esquema, la visión costumbrista, y la creación de tipos, como el de Don García o el de Don Domingo de Don Blas, no indican una exclusividad alarconiana. Dentro de la misma línea teatral, por ejemplo, debe ser situada la obra de un Moreto. Tampoco debe indicarse como una diferencia el problema de la fecundidad creadora. Es verdad que las *comedias* del mexicano contrastan por su escaso número con las de algunos de sus compañeros de ingenio, como Lope de Vega o Calderón de la Barca. Sin embargo, hay que tener en cuenta que Alarcón no fue un profesional del teatro toda su vida, sino circunstancialmente. Su ambición le dictaba otros horizontes. Los años de producción pueden determinarse aproximadamente entre 1612 y 1626,[69] mientras que, en el caso de Lope y Calderón, se prolongan hasta el final de sus vidas. Se trataba, en el caso de los dos últimos, de escritores que comenzaron su carrera prodigiosamente jóvenes. La obra del mexicano se limita a las dos *Partes*, publicadas por él,[70] que constituyen un total de veinte *comedias*, más *La Culpa Busca la Pena y el Agravio de Venganza*, *Quien Mal Anda en Mal Acaba* y *No Hay Mal que por Bien no Venga*.

Alarcón vierte en sus *comedias* cierta manera de pensar, que ha atraído a los eruditos, y que es bautizada con el nombre de "moral alarconiana". Hay un sentido de corrección y una afable reconvención para aquellos a quienes afea algún vicio (Castro y Calvo

294). Muchos títulos de sus *comedias* expresan el "leit-motiv" de la obra en un barroco refrán. *Las Paredes Oyen*, contra el maldiciente; *Los Favores del Mundo*, contra el ambicioso; *La Verdad Sospechosa*, contra el embustero. Seguía en ello la moda impuesta por Lope de nombrar las comedias con motivos populares, costumbre que alcanzó su mayor expresión en Calderón. Alarcón, a veces, encuentra el tema mismo del proverbio en el *Fénix de los Ingenios*. Así de Vega había apuntado el motivo de *Las Paredes Oyen* en *La Corona Merecida*, 1603,[71] y lo había desarrollado en *El Perro del Hortelano*, 1613:

> Bien digo yo, que, en palacio
> para que callar aprenda,
> tapices tienen oídos
> y paredes tienen lenguas. (Kohler 71)

En el caso de Alarcón estos temas poseen significativa importancia, porque son la base de una manera de pensar. Censura, respaldado en estos decires, la arrogancia, la mentira sin cautela, la esclavitud a las costumbres y la maledicencia.[72] Defiende, en cambio, la cortesía, la reflexión serena, el mantenerse alerta de las intenciones de los otros. Aconseja una moral práctica, útil en las relaciones diarias del hombre. Le enseña a conducirse en la sociedad. De ahí ese tono de sermón moral que sus obras tienen. En esta exposición de ideas los personajes desempeñan un papel importante: o representan vicios repudiables, o virtudes práctico-ejemplares (Hernández Sánchez Barba 222). El autor sanciona arregladamente. El atractivo que estos personajes indudablemente tienen se debe a la cuidadosa observación que ha guiado su caracterización. Son el fruto de una objetiva racionalización; son tipos estudiados, no idealizados. Muchas veces hilvanados con retazos de la personalidad del propio autor, el que tal vez había aprendido su lección en la escuela de los desengaños.

La entrada en la profesión dramática y el trato de artistas y actores le trajo abundantes sinsabores. Debido a su pobre figura— pequeño de cuerpo, barbirroja y corcovado—y a su arrogancia, muchas veces no disimulada, fue blanco de pullas y mordaces sátiras.[73] Jiménez Rueda, por ejemplo, afirma que va dirigido al dramaturgo este pasaje:

> Importa excluir de públicos oficios sujetos menores de
> marca, hombrecillos pequeños, sin que obste el
> brocárdico de Filósofo. La virtud unida es más fuerte

que la dilatada; puesto que es bien agudo el ratón y perece al primer rasguño de un gato. Síguese de lo apuntado, que si el chico, aunque bien formado, y capaz, debe hallar repulsa en lo que desea, si ha de representar con la persona, mucho mayor e justo la halle el gimio en figura de hombre, el corcovado imprudente, el contrahecho ridículo, que dejado de la mano de Dios, pretendiere alguna plaza o puesto público. (185)

Chistes y charcarrillos crueles se cebaron en el desgraciado personaje. El corregidor de Madrid, Juan Fernández, se hizo famoso con una quintilla malintencionada:

Tanta de corcova atrás
y adelante, Alarcón, tienes
que saber es por demás
de dónde te corcovienes
o dónde te corcovás. (109)

La extraña figura del autor dramático atrajo la atención y el humor de Quevedo—"Décimas satíricas a un poeta corcovado que se valió de trabajos ajenos", de Góngora, de Lope de Vega, de Vélez de Guevara, de Gabriel Téllez, de Salas Barbadillo, entre otros.

La situación personal incómoda de ser blanco de burlas y chistes hubo de ser causa de amargura refrenada y de hondas cavilaciones. Tal vez ello haya sido también la razón para que sus parlamentos se carguen de consejos—fruto de experiencias acedas—, y de que cree tipos de mujeres utilitarias y sin escrúpulos—la Belisa de *Todo es Ventura*, la Julia de *Los Favores del Mundo*. En general, los personajes femeninos se atienen más a la conveniencia que al sentimiento— Ana en *Las Paredes Oyen*, Jacinta en *La Verdad Sospechosa*. Atisbo de cierto resquemor, aunque aventado por el sano pensamiento.

Dentro de esta "cosmovisión" alarconiana es típica la figura del gracioso, criado de buen seso, sermoneador de su amo y censor de costumbres. Ha perdido la chispa bufonesca del ya tradicional y disparatado personaje, para ofrecer una reflexión o un aviso. Bertranes, Tristanes y Hernandos se comportan, más que como hombres de humor, como "catones" de la sociedad.[74]

El tratamiento del tema del honor en el teatro del mexicano requiere detenido estudio. Lope de Vega había recomendado los casos de honra en el *Arte Nuevo...*, y en *Los Comendadores de Córdoba*—escrita hacia 1598, y proponía ya una filosofía: "Honra es aquella que consiste en otros" (42). Expuso el asunto

# Clásicos de la Literatura Hispanoamericana

revolucionariamente al defender el honor del villano en *Peribáñez*, 1610, y en *Fuenteovejuna*, 1612, emprendiendo con ello una obra socializadora continuada por Calderón en *El Alcalde de Zalamea*, 1636 (?). Alarcón estuvo particularmente interesado en derrocar las barreras diferenciadoras de la aristocracia (Luciani "Spanish American Theater of the Colonial Period" 279). Siguiendo la definición de Attendolo: "El honor consiste en poseer la virtud" (63), afirmó que el honor se adquiría con la práctica de la virtud y se perdía cuando faltaba ésta. El quebradizo linaje del mexicano parece rebullir entre estas afirmaciones.[75] La conducta debía atenerse a estos principios y ser perspicazmente dirigida, pues era juzgada y sancionada por los otros. Alarcón defendió este pensamiento en parlamentos y coloquios. Varios pasajes pueden ser indicados. Célebre es el diálogo entre don Beltrán y su hijo don García en *La Verdad Sospechosa*:

D. Beltrán: ¿Sois caballero, García?
D. García: Téngome por hijo vuestro.
D.B.: ¿Y basta ser hijo mío para ser vos caballero?
D.G.: Yo pienso, señor, que sí.
D.B.: ¡Qué engañado pensamiento!
Sólo consiste en obrar
como caballero, el serio.
..........................
D.G. :Que las hazañas
den nobleza, no lo niego;
mas no neguéis que sin ellas
también la da el nacimiento.
D. B.: Pues si honor puede ganar
quien nació sin él, ¿no es cierto
que por el contrario puede,
quien con él nació perderlo?
D.G.: Es verdad
D.B.: Luego si vos
obráis afrentosos hechos.
aunque seáis hijo mío
dejáis de ser caballero. (78)

Otro ejemplo semejante se encuentra en los consejos de Suero Peláez a su hijo, el conde Juan, en *El Tejedor de Segovia* (Acto I, versos 575-582).

El dramaturgo mexicano no llegó a los casos extremos que tratan Lope y Calderón,[76] pero compuso dramas de honor de vigoroso acento, como *La Crueldad por el Honor* y *El Tejedor de Segovia*. Sin embargo, es en las piezas de costumbres en donde logra una forma más perfecta.

Otra coordenada determinante de la figura literaria de Alarcón es la idea de la fortuna. El dramaturgo se enfrenta con una extensa y profunda tradición. La rueda fantástica que decide los pasos de los mortales ha obtenido desde el clasicismo romano expectante ansiedad. Es un recurso teatral de éxito asegurado. En general, concibe el concepto en términos de suerte, favor o ventura. En contadas ocasiones acoge conmovedores casos de caídas de príncipes. A veces, asoma el tono de aviso amonestador para incautos, como en *Los Favores del Mundo*. El sentido esperanzador vence en un ágil acomodamiento. La *casualidad* dirige los pasos de los personajes; *acaso* que adquiere filosóficos y profundos matices en Tirso y en Calderón. El tono juguetón de Alarcón puede verse en los don Juanes de *La Industria y la Suerte* y *Las Paredes Oyen* y en el Don Tello de *Todo es Ventura*. El motivo de la suerte otorga regocijadas peripecias entre las abundancias del cuerno de Amaltea. Se esquivan los aspavientos pesimistas de los tratados estoicos que tanta consideración obtenían, pero no falta la moralización doctrinal, secuencia de la literatura de sermón muy en boga en la época. El estudio y análisis de una selección escogida de *comedias* ayuda a precisar las diferentes facetas del autor de *La Verdad Sospechosa*.

Nuestro itinerario comienza con *Los Favores del Mundo* escrita hacia 1617. Está elaborada sobre dos ejes dramáticos: un tema tradicional, el de la fortuna, y un caso de honor.

García-Ruiz de Alarcón—imagen tal vez del "super-ego" del mexicano—es un forastero que llega a Madrid y en un día recibe la privanza del príncipe, el amor de una dama ideal y la amistad irrevocable de un astuto cortesano. Madrid se presenta como el escenario de historias increíbles. Lugar escogido para el aventurero y el ambicioso. En cambio, el forastero desprevenido debía guardarse de sus cantos de sirena. Aquél a quien colmaba de atenciones era el que luego sufría más al ser blanco de los embates de la suerte cambiadiza. Así en la acción del segundo acto, la fortuna se muestra adversa e inestable, y el protagonista aprende su lección de prudencia y resignación:

Paciencia: desta manera
son los favores del mundo. (38)

Ya bien entrado el tercer acto, Don García alcanza la moraleja de su historia:

...¿ recelo,
si estas mudanzas del cielo
ciertos avisos me dan,
haciéndome sin segundo
ya en el bien y ya en el daño,
del engaño y desengaño
de los favores del mundo? (45)

Honores y merecimientos no andan parejos, porque "no el honrado, el venturoso alcanza". Don García escoge lo que se aviene mejor a su modo de ser, el cariño de doña Anarda, aunque ello implique la renuncia a las ambiciones de corte. No se pueden mantener, al mismo tiempo, fortunas de amor y poder. Hay en ello un velado elogio del provinciano en su rincón.[37]
El caso de honor viene presentado por el conflicto entre la lealtad al señor y el amor a la dama. Don García se halla en una posición inestable; de un lado atiende al servicio de galán, de otro a la obediencia con el príncipe don Enrique, que pretende a la misma hermosa. Espinosa situación que explica los cambios de favor. El héroe se desenvuelve en "un confuso laberinto".
La ley escénica es dinámica. Los episodios se acumulan "lopescamente" sin faltar las típicas cuchilladas de una "comedia de capa y espada". La violencia de la acción se observa ya en el comienzo. Don García llega a Madrid para vengar una afrenta. Encuentra en unos jardines a su enemigo, lucha, lo vence y cuando va a dar "justo" fin a la venganza, el caballero rendido exclama: "¡Válgame la Virgen!". Don García detiene su brazo y perdona.[38] Desde este momento se ve inmerso en el torbellino de la vida cortesana.
El tono es moralizante con sordina, y está en la tradición de las reflexiones del Petrarca de *Remediis utriusque fortunae*. Filosofía desengañada del mundo. Además, se erige en esta obra un puente hacia las comedias de costumbres de Calderón, como *La Dama Duende*, *Amigo Amante y Leal* y *Los Empeños de un Acaso*.
*Las Paredes Oyen*, *La Verdad Sospechosa* y *No Hay Mal que por Bien no Venga* son obras fundamentales de Alarcón. En *Las Paredes Oyen* (escrita en 1617), el autor se detiene con cierta morosidad en el estudio de los personajes. Otorga a la invención perspectivas realistas. El armazón dramático está construido en torno al cambio psicológico de doña Ana de Contreras. Alarcón había demostrado

ya, con el personaje de Julia en *Los Favores...*, la agudeza de análisis. Ahora nos hace ver el impacto de las intrigas de don Juan y de los errores de Don Mendo de Guzman en el modo de pensar de la protagonista. El primero es un pretendiente feo y pobre, pero de ingenio sutil. El segundo es un apuesto galán sin prudencia. Comienza la obra con las quejas de don Juan de Mendoza. La derrota de su empresa parece obvia en la escena de la carta, en la que la dama lo desengaña. Con todo, el maltrecho amante insistiría en su porfía. Ya al final de la primera jornada se advierte un cambio de situación cuando, por casualidad, doña Ana escucha ofendida al hasta entonces favorecido Don Mendo de Guzmán. Sin ser vista, oye que tiene un "cerca feo" que es "impertinente, de mediano entendimiento" y no joven. En la jornada segunda, el fiel de la balanza del sentimiento de la bella oscila. Don Juan sabe crear una atmósfera de intereses creados que respaldan su pretensión. Don Mendo aumenta sus equivocaciones, enojando definitivamente a la protagonista al intentar gozarla en un despoblado.

El Acto III significa, en este proceso psicológico, el triunfo del perseverante. Varias causas ayudan a ello. Celia, la criada de doña Ana, desea un amo amable; el duque de Urbino corteja a la bella, menoscabando su opinión[29] y Beltrán, criado del astuto pretendiente, necesita que su amo prospere con el dote de la dama. El desenlace se apoya también en la acción de Lucrecia, celosa de don Mendo, y del conde, primo y rival encubierto de éste. Don Juan se casa con doña Ana. La moraleja es tener discreción:

> Misterio del cielo ha sido,
> con que mostrar ha querido
> cuánto vale el hablar bien. (89)

El mayor acierto de la obra estriba en la reducción de la convención idealista.

*La Verdad Sospechosa* (escrita hacia 1619) es la obra mejor conocida del dramaturgo. Tal vez haya contribuido a su renombre la fina adaptación de Corneille (*Le Menteur*, 1643) y la traducción afortunada de Goldoni (*Il Bugiardo*, Manua, 1759). El autor crea genialmente un gran personaje. Se trata de alguien enamorado del arte de la imaginación. La palabra adquiere bellas tonalidades, y con ella se pinta la invención seductora. Don García, cual astrólogo del decir, finge una fiesta nocturna, una esposa y un desafío portentoso. ¡Desbordante juventud sin prudencia! Una sonrisa atenuada se crispa de matices amargos. El simpático embustero es castigado. Más que justa sanción es el resultado determinante de la cadena de acciones. Las circunstancias obligan. La fortuna muestra su rostro desagradable, y don García no tiene otra alternativa que casarse con la dama que no ama, cuyo nombre ha equivocado. Se guarda un perfecto equilibrio. La caída de la hermosa Jacinta simboliza la atracción mútua de los protagonistas. Don García miente para asegurar su favor. Un laberinto de embustes detiene el curso normal de los acontecimientos. La verdad se hace sospechosa y el embeleco queda triunfante al correrse el telón del primer acto. Surgen los contratiempos, y el vestido de las invenciones muestra la débil textura. Don Garciá reflexiona y se asombra de sus experiencias. En el término de un día ha obtenido dama, cuidados y peligros. Un enredo, del que el mentiroso es inocente, hace que se desconfíe de él. Jacinta decide negarle su pretensión amorosa a despecho del interés que la anima.

En la tercera jornada el inexperto recibe la lección como ejemplar escarmiento "que a mentir acostumbra". Las situaciones han sido buscadas con poesía. El encuentro de los amantes ocurre en una tienda de alhajas. La primera invención se descubre cuando el embustero da un paseo a caballo. El coloquio de amor se pronuncia en el claustro de un convento. El desenlace acaece junto a un jardín.

Adorna la obra una galería de personajes bien observados: Jacinta es fría y calculadora; don Beltrán es un viejo regañón que no olvida al primogénito perdido, en menoscabo de su otro hijo; Tristán, el gracioso, es un censor de costumbres.

*No Hay Mal que por Bien no Venga* es una comedia de elementos dispares. La trama principal la constituye la intriga de don Juan y doña Leonor. Es un nuevo caso de galán en entredicho. La pompa y liberalidad con las que ha cortejado a la dama han causado su ruina. Mantiene la prestancia gracias al noble linaje y a la reputación de *valiente*. Sin embargo, como le advierte su criado Beltrán, "todos ya en Zamora te señalan con el dedo". Leonor acaba por enterarse de los enredos del amante y lo despide airada (232). Don Juan recobra finalmente la fama perdida al ayudar al rey en una revuelta política.

El acierto del dramaturgo se basa en la creación genial del antagonista, don Domingo de don Blas, que quizá no tenga la poesía del don García de *La Verdad Sospechosa*, pero que compensa esta inferioridad con sus trazos costumbristas.

La entrada del celebrado caballero se retarda hasta la escena XI, aunque se haya dado al público su descripción al comienzo de la pieza. Don Domingo hace su aparición ante el auditorio en forma original. "Sale en cuerpo, sin sombrero y sin golilla", nos dice la acotación. Osadía inesperada. La personalidad de esta figura teatral tiene atributos revolucionarios. El apellido extraño—condición de una herencia—no indica claro linaje, aunque se acepte su hidalguía. Es rico por circunstancias, no por blasones. Fue audaz en la guerra con los "moriscos". Ahora, en plena madurez, quiere vivir con sosiego. En el modo de cortejar a doña Leonor rompe una serie de protocolos y requisitos estipulados por la tradición (213). Insiste en ser cortés en busca de seguridades (192). Trata a los que practican los oficios mecánicos con exquisita atención.

Para demostrar su moderna idiosincrasia basta recordar las condiciones que estipula para la casa que va a comprar: que no sea nueva; que no tenga escalera; que no tenga jardín para que no haya mosquitos; que no haya fuente cercana ni perros ni herrador ni carpintero ni cochera. Quiere una casa retirada en la que el inquilino "vive de ese modo en la ciudad y la aldea" (200). Sin embargo, el concepto del honor está de acuerdo con la época:

> En tocando el pundonor,
> Nuño, de todo me olvido.
> Siempre vivo a lo que estoy,
> según mi sangre, obligado;
> que por ser acomodado
> *no dejo de ser quien soy*.[80]

Nos permitimos hacer la observación de que don Domingo adquiere cierta rigidez al reaccionar de este modo.

El retrato se complementa con el juicio que expresan de él los otros personajes. Leonor lo cree un excéntrico. Aunque no lo reconoce agraciado, hubiera agradado a su vanidad el verlo guardar su calle. Don Ramiro, el padre de la dama, comenta:

> Injusto nombre os ha dado
> la Fama, que loco os llama;
> que mejor puede la fama
> llamaros desengañado. (222)

Don Juan lo tiene por loco y apocado, pero corrige esa idea al conocerlo mejor. Beltrán lo cree socarrón (223). La moral pragmática de don Domingo evita aquello que puede ofender su gusto y recibe por ello el apodo de "el acomodado".

En resumen, este original tipo presenta una sátira social en su manera de ser y por sus acciones. Quizá el autor haya querido paliar el efecto, situando la historia a comienzos del siglo X, en los últimos años del reinado de Alfonso III, en una cauta lejanía histórica.

# Clásicos de la Literatura Hispanoamericana

*No Hay Mal que por Bien no Venga* inicia el realismo en el teatro y es en cierto modo un precedente inesperado del costumbrismo de Bretón de los Herreros.

No quisiéramos terminar este capítulo sin considerar dos obras más del dramaturgo mexicano; me refiero a *El Anticristo* y *El Tejedor de Segovia*. Una apreciación de ellas sirve para completar este sucinto estudio de Ruiz de Alarcón.

*El Anticristo* (escrita en 1623)—en línea de Lope de Vega y Mira de Mescua—es un antecedente del teatro religioso y simbólico, de gran aparato, de Calderón. Este drama, intento ambicioso de mala fortuna, significa un gran esfuerzo de documentación.[82] La figura apocalíptica de falso Mesías, a quien se designa con los nombres de Behliäl y Maozín, posee cierta grandeza. Es el fruto maldito de los amores de su madre y abuelo. Un sino terrible lo lleva a violar y matar a su madre. Apoyado por los espíritus del Averno, domina Jerusalén y hace aparentes milagros. Se siente atraído por la hermosura de la cristiana Sofía, y trata en vano de vencer su resistencia. La exegesis es obvia. El espíritu del mal nada puede contra la virtud.[83] El final es de gran aparato escenográfico. La acotación de la última escena dice:

> Mata Elías falso a Sofía y a Balán. El Anticristo sube por *tramoya*, y en lo alto aparece un ángel con espada desnuda, y dale un golpe, y cae el Anticristo; ábrese un escotillón del teatro, y por él entran el Anticristo y Elías falso, y salen llamas. (66)

Por su espectacularidad puede compararse al final de *El Burlador de Sevilla*, de Tirso, y al de *Las Cadenas del Demonio*, de Calderón. La crítica ha sido adversa a esta enmarañada pieza, aunque su original concepción no puede ponerse en tela de juicio.[83]

*El Tejedor de Segovia* (escrita hacia 1622) es una obra de madurez en la que el mexicano se identifica, no sólo en la forma, sino en la temática y en la expresión, con la escuela de Lope de Vega. Se trata de un típico caso de *adversa fortuna*. Don Fernando Ramírez es un noble que ha perdido la honra y que lleva una vida de bandolero, echado al monte. Un *bofetón* inicia la dinámica acumulación de episodios. Las escenas en la cárcel y en la sierra poseen poderoso vigor. No faltan detalles de observación realista.[84] Algunas escenas son de brutal barbarie, como aquella en que Fernando Ramírez "muérdese los dedos, y arroja las esposas, y átanle unos paños" (587). Este tipo de comedia contiene características de lo que podría llamarse un subjetivismo prerromántico. El barroco, como es sabido, anuncia algunas de las tendencias que serán desarrolladas en el romanticismo (Díaz-Plaja 134-139). La expresión lingüística está de acuerdo con la concepción de la obra. Unas veces, el dinamismo viene indicado por las voces de los actores:

> *Villano 1*: ¡A la Quinta!
> *Villano 2*: ¡Al valle!
> *Villano 3*: ¡Al prado! (321)

Otras, la expresión adquiere un retorcido culteranismo.[85] En el plano cómico, Chichón utiliza el italiano al comienzo de la jornada tercera para caracterizar su personalidad y lograr cierto ambiente.[86] Sus burlas son semejantes por su tosco realismo a las de los graciosos de Tirso.

Este análisis de un número seleccionado de *comedias* de Ruiz de Alarcón ha revelado los distintos elementos que componen su obra. En resumen, podemos señalar que la dramática de Alarcón se forma en la escuela española, y que aporta una serie de notas originales, que establecen una diferencia de personalidad, sin implicar por ello una estilística independiente.

# CAPÍTULO VII

## LA POESÍA DE JUAN DEL VALLE CAVIEDES

A través de los versos satíricos de Caviedes, en los cuales aparecen las raíces de una literatura nacional, se presenta una visión crítica de la sociedad del siglo XVII en el Virreinato del Perú.
**Daniel R. Reedy**

### Introducción

La poesía de Juan del Valle Caviedes[87] atrae la atención del lector moderno. El español-limeño ha legado una de las obras más interesantes de la época virreinal. Un espíritu mordaz y agudo guía su verso satírico. A veces, cae en la censurable chocarrería; otras, ofrece conmovidas y devotas composiciones, forjando una personalidad Dios y el Diablo. Vivió entre prostitutas y miserables, damas altivas y ambiciosos vanos. Odió a los médicos ignorantes hasta el punto que este sentimiento se transformó en obsesión. Estudió psicología en la escuela de las costumbres, y dedicó momentos de fervorosa religiosidad a su arte. Aprendió a utilizar el panegírico como escala necesaria de menesterosos, y supo ignorar e incluso reírse de la desgracia ajena. En este capítulo pienso mostrar que la acerada pupila de Valle Caviedes vislumbró la comedia humana y las ridículas perspectivas que podían desprenderse de esta situación. También supo captar la belleza, y alabó su valor. No es extraño que un crítico lo llamara "Villón criollo"[88] en el anhelo de encontrar un símil en la cara de Lutecia.

### Obra

Valle Caviedes obtuvo, en vida, una extraordinaria fama de escritor burlesco (Kolb 71). Se repetían sus jocosos poemas "A un corcovado que se casó con una mujer muy alta", "Coplas a un exorcista tonto", "A un amigo viejo en su cumpleaños", "A una dama que se ajustaba los pies" en los que la hipérbole y el retruécano llegan a los más intencionados extremos, dentro de una tradición a lo quevedo. Su nombre se hizo célebre especialmente por su sátira contra los médicos; por ello fue temido a la vez. Su reputación creció póstumamente. Las noticias escasas que se tenían de su azarosa vida contribuyeron a suplir lo ignorado con fabulosa imaginación. La breve, aunque elogiosa, nota de *Mercurio Peruano*, a finales del siglo XVIII y el juicio superficial y encomiástico de Juan María Gutiérrez fueron las bases para la pequeña biografía que Ricardo Palma redactó en una edición de la obra del poeta. Se la atribuía una vida airada en perjuicio de hacienda y salud. Su inspiración se despertaba repentinamente en 1681. Se la suponía dueño de una covachuela o cajón de ribera como "modus vivendi". Terminaba sus días con una muerte miserable por alcoholismo. Los estudios de Luis Fabio Xammar,[29] Rubén Vargas Ugarte[30] y Guillermo Lohman Villena[31] perfilan la auténtica complejidad de su producción y los límites de la figura del autor.

Caviedes es poeta de inspiración y de raro ingenio. Fue autodidacta de señalada virtuosidad. Cercano a la retórica de Calderón y a la temática de Quevedo, logra una modalidad original (Hernández Sánchez-Barba 262). Si en la técnica fue discípulo de grandes maestros, alcanzó en su producción un tono distintivo y una calidad sumamente apreciable.

Su obra se matiza en tres claras vertientes: la sátira y el poema burlesco, el tono moral y reflexivo, y la tradición petrarquista y el culteranismo moderado.

Su estilo es barroco. Las imágenes y los símiles hiperbólicos abundan. Llama a unas damas "urcas inglesas de amor", y a las cejas de otra "víboras de azabache". Sobre una noche, dice que es "más oscura que la boca de un hidalgo". Utiliza el hipérbaton como en este bello ejemplo de trasposición del genitivo de posesión:

> Las más elevadas torres
> hechas arcos se columpian
> como cuando el débil junco
> blande del Noto a la furia. (Vargas Ugarte 80)

Aplica el lenguaje de temas de época como la *astrología* y la *guerra* para la descripción de damas, con notable acierto. El romance "Pintura de una dama en metáfora de astrología" es un buen ejemplo de la virtuosidad con que emplea la terminología cósmica.

Quizá la obra que le haya dado mayor nombradía no sea la de mayor mérito literario (Odriozola 55). El *Diente del Parnaso* logró una popularidad de acuerdo con el escándalo que causó, puesto que el autor expuso a vituperio, señalando sus nombres, a los médicos de la sociedad limeña (McCaw 92). Este libro en verso comprueba

# Clásicos de la Literatura Hispanoamericana

que el tópico literario se transforma, en Valle, en anécdota viva (Torres "*Diente del Parnaso...*" 117). La sátira de los doctores era normal en el siglo XVII. En prosa, los autores de la picaresca utilizaron el chiste conceptista y la burla contra galenos. Mateo Alemán,[32] Vicente Espinel[33] y Alonso Jerónimo Salas Barbadillo[34] son buenos ejemplos de lo afirmado. Quevedo, el gran maldiciente, los censuró en la prosa de los *Sueños*,[35] y en composiciones en verso, como el soneto "Que la pobreza es medicina barata, y descuido seguro de peligros", y los romances "Conversación de las mulas de unos médicos con la haca de un barbero" y "Pues me hacéis casamentero".[36] Góngora también trató el género en su famosa décima "Contra los médicos", cuyo comienzo es "Doctor barbado, cruel" (1624).

En el teatro, los graciosos arremetían a menudo contra el criticado gremio. Ejemplo conocido es el largo parlamento de Caramanchel en *Don Gil de las Calzas Verdes*, de Tirso de Molina.[37]

Valle Caviedes amplió el tópico al componer todo un libro en verso contra doctores. La pirotecnia humorística se lleva a un extremo (Reedy "Signs and Symbols of Doctors in the *Diente del Parnaso*" 709). Cierta amargura enfría el tono ingenioso al insultar a personas concretas. La *Fe de Erratas* está trazada con el mejor gracejo. En ella recomienda que donde se dice *doctor, receta, sangría...* se lea verdugo, estoque, degüello... Compara a los médicos con ministros de la muerte y hace burla de determinados doctores. Incluye unos procesos vejatorios. En la última composición afirma que el primer "galeno" fue el demonio. Entre las diversas poesías que integran esta obra se recuerdan la décima "Tembló la tierra preñada..." y la "Loa en aplauso de Doctor Francisco Machuca por haber curado una prima del autor y haberla muerto como todos los que cura". En este donaire coincida con el patrón que sigue, pues cultiva el chiste sucio o desgarrado o el vituperio mordaz (Reedy "Juan de Valles Caviedes" 297). Famoso es el poema en quintillas del autor del *Diente del Parnaso*, "Título, coche o mujer", en cuya temática Quevedo había logrado una graciosa sátira, cuando hizo aparecer los coches al toque de la trompeta del juicio final en su romance "Sátira a los coches".[38]

En los primeros tres largos romances de *Diente del Parnaso* Caviedes hace patente su concepto de la salud y de la enfermedad tan bien como su propósito (o pretexto) al escribir los poemas satíricos que siguen (Reedy *Poetic Art of Juan del Valle Caviedes* 47). Creyó firmemente en los poderes naturales o de auto curativos del cuerpo, los cuales, afirma, es el trabajo del "artisano divino" y por consiguiente está más allá de la habilidad del hombre de comprender perfectamente (Bost 169). Puesto que los tratamientos médicos eran lo mismo (sangrando y purgando) para todo el mundo y todas las enfermedades, le pareció al poeta que cualquier éxito al curar fue debido a la pura suerte o a la resistencia del paciente. Su consejo es evitar a los médicos a todo costo y temerlos más que las pestes y los temblores. Cuando no se puede evitarlos, dice Caviedes, se debe hacer exactamente lo contrario de lo que pide el médico. Si el sangrar es lo que manda el doctor, el paciente debe comer la morcilla; si el médico receta una dieta sin líquido, debe beber mucha agua fría; y si el doctor exige enemas, el enfermo tiene que atar cien nudos en el cinturón para que el médico no pueda darle una inyección.

Declarando que se ha curado riéndose, el satírico les aconseja a sus lectores que hagan lo mismo. Dice que primero deben reírse de sí mismos por su simplicidad en creer que el médico comprende su enfermedad. Después deben reírse de los doctores que venden su avaricia brutal a costa de tantas vidas y finalmente deben reírse de todo porque todo es divertido y al hacer esto encontrarán la mejor anécdota a la hipocondría y todas las otras enfermedades. Con esto Caviedes revela el propósito de su escritura: sus poemas tienen la intención de inspirar risa y así promover la salud y actuar en contra de la influencia destructiva de los médicos (Gerdes 500). Cree, de hecho, que éstos deben pagar la imprenta y la distribución de su libro, lo cual deshará una parte del daño que ya han causado. Al aprender por muchas experiencias amargas que todos los que practican la medicina son los peores enemigos de la humanidad, el poeta cree que es su deber advertir a los demás cómo evitar tales calamidades y, al mismo tiempo, proporcionar el entretenimiento saludable de su sátira (Luciani "Juan del Valle y Caviedes: *El Amor Médico*" 384).

En el largo romance "Los efectos del protomedicanto de Bermejo, escrito por el alma de Quevedo" Caviedes pinta el retrato más detallado y satírico de este médico. Como protomédico, era parte de los deberes de Bermejo evaluar a los que se presentaron como candidatos para licencias médicas, y el poeta llamando al médico "protoverdugo" y "protomatante", presenta una entrevista imaginaria entre Bermejo y un joven candidato inglés. Para asustar e impresionar al novicio, el gran doctor tomó la precaución de prepararse con anticipación. Se puso muchos anillos en los dedos y vistió su mula tan bien como él mismo en ropa muy elegante para cubrir los órganos genitales. Con una actitud de arrogancia y un espíritu imbuido de Hipócrates, se presentó frente al candidato temoroso para hacerle preguntas. Aquí el poeta cambia de la sátira directa de la descripción a la de lo burlesco, representando la examinación médica con el siguiente diálogo:

—Decidme, hermano, ¿qué es horca?
Y él respondió de improviso:
—Es una junta de tres
palos. —Y Bermejo dijo:
—Sois un médico ignorante,
que la junta que hemos dicho
no es de tres palos, sino
de tres médicos pollinos.
Decidme, ¿qué son azotes?
—Y respondió:—Señor mío,
los que se dan con la penca.
—Y el otro corrigió: —Amigo,
ventosas y frotaciones.
Veo que muy al principio
Estáis en lo de verdugo
Y os privaré del oficio;
Mas decid, ¿qué es degollar?
Y el verdugo, ya mohino,
le contestó: —Es el cortar
la cabeza con cuchillo.
—De medio a medio la errasteis;
porque aquí habéis confundido
con la cabeza lo que
son sangrías de tobillos.
........................................
Y decidme, ¿qué es tormento?
—El del potro, ya sañudo
respondió. —Y Bermejo dijo:
—Ríome mucho de oírlo.
Ligaduras son que damos
a veces, porque el delirio
no falte, y con él confiesen
y despacharles con Cristo. (65)

La examinación sigue así con el resultado que el protomédico manda que el candidato sirva de aprendiz por cinco o seis años con algunos médicos muy conocidos en la capital peruana para perfeccionarse en la arte de curar según los estándares aceptables de sus colegas. La divisa literaria de poner las palabras de autocondenación en las bocas de los personajes ficticios para lograr un fin didáctico o satírico fue, por supuesto, común mucho antes de la época de Caviedes. Sin embargo, es sorprendente que el satírico se haya atrevido a usar la misma técnica para ridiculizar una figura tan poderosa como Bermejo. Otra referencia rencorosa a este médico se encuentra en la "Cara al Dr. Herrera" en que el satírico relata que el padre de Bermejo ha muerto a los ochenta años después de un largo período de alejamiento de su hijo eminente. Después de la reconciliación, dice Caviedes, sólo le tomó cuatro días para matar a su padre con tratamientos médicos.

En los poemas de tono moral y reflexivo alternan, junto a los de emoción religiosa, otros que alcanzan un estimable valor literario. El soneto es la forma conveniente para este tipo de inspiración. Ofrece una serie de composiciones que por el dominio técnico, son antologizables. Nos parece que obtiene aquí tanta significación como en la vena satírica. Una filosofía desengañada, con sus ribetes de cinismo, alienta estos versos. Sátira y tragedia son los fondos de decoración ante los que se mueven los conceptos. Casi podría llamarse estoica la actitud que exhibe en esta línea si no estuviera a veces sacudida por la pirueta burlesca. Los temas son sobrios, en claroscuro: "Definición a la muerte", "El mayor enemigo del hombre", "Contentos falsos de esta vida", "La riqueza es más desgracia que dicha", "No hay cosa cierta en esta vida", y "Remedios contra pensamientos lascivos". Sonetos que están en una tradición senequista. Se salva esta visión oscura y negativa del mundo por el ingenio. Posee, al mismo tiempo, el arte de la distorsión. Basta exagerar un poco para que la caricatura se precise con su mueca burlona. Tiene un sentido de humor que surge de las ruinas de la vida y emplea la sátira de polichinela para no caer en la visión trágica. Éste es el modelo hispánico, corrosivo, duro, cruel. Tras la máscara que ríe, está el pensamiento de la muerte. Éste es el arte del jaenés acriollado.

Como ejemplo de esta parte de la obra de Valle, escogemos un soneto en el que la sátira burlesca ha borrado la caricatura amarga:

"Para labrarse fortuna en los palacios"
Para hallar en Palacio estimaciones
se ha de tener un poco de embustero,
poco y medio de infame lisonjero,
y dos pocos cabales de bufones.

Tres pocos y un poquito de soplones
y cuatro de alcahuetes recaderos,
cinco pocos y un mucho de parleros,
las obras censurando y las acciones.

Será un amen continuo a cuanto hablare
el Señor o el Virrey a quien sirviere
y cuanto más el tal disparatare
aplaudir con más fuerza se requiere,
y si con esta ganga continuare
en Palacio tendrá cuanto quisiere. (67)

En ninguna parte de la obra de Caviedes es el complejo barroco religioso más evidente que en los poemas que tratan de la existencia y naturaleza de Dios. En estas composiciones la ansiedad del poeta para probar la verdad de la doctrina católica sirve para enfatizar su duda en la validez de su propia proposición. El soneto "Por qué dejó Dios su creencia a la fe y no a la evidencia", por ejemplo, explica la función de la duda misma en la adquisición de la fe. El argumento es que puesto que el hombre es propenso a ser escéptico de hasta las verdades más obvias, Dios se escondió deliberadamente de la vista. La duda resultante, dice Caviedes, engendra la fe debido a que es la prueba misma que existe Dios. En el soneto "Prueba que se ve a Dios más patente, cuando al hombre le parece que no hay Dios", con el mismo tema y conclusión idéntica, el poeta insiste en que el acto mismo de negar la existencia de Dios es la prueba positiva de lo contrario porque tal negación constituye reconocimiento y admisión.

La tercera categoría de la producción poética de este autor es la que responde al anunciado: *Tradición Petrarquista y Culteranismo Moderado*. Sin llegar a la dificultad y retorsión del poeta de Córdoba, su obra es, en parte, culterana. Está cercano al Góngora de los romances, en los que no hay la intensificada aplicación del *Polifemo* o de las *Soledades*. Quizá por la razón ya dicha de que la educación literaria de nuestro autor fue mínima y su conocimiento de las letras autodidacta, hace uso de un vocabulario limitado, si se le compara con otros poetas españoles. Pertenece a una escuela poética que le viene del Quevedo petrarquista-culterano. Compuso dieciséis excelentes *Romances Amorosos*, siguiendo la tónica de los *Romances Amorosos* del autor de los *Sueños*. El ambiente pastoril y arcádico es de tradición idílica a lo Petrarca,[39] e hispanizada en la escuela de Garcilaso, y que alcanzó su máxima dificultad estilística en Góngora.

Muchos de los versos amorosos de Caviedes están en los diéciseis *Romances Amorosos* todos escritos en un estilo quejumbroso pastoril y dirigidos a personas como "Lisi", "Filis", y "Marcía". En lenguaje, contenido y sentimiento, estos poemas se parecen mucho a los versos encontrados en las novelas españolas pastoriles del siglo anterior como *Diana* de Jorge de Montemayor y *Diana Enamorada* de Gaspar Gil Polo. Son quejas convencionales de amor, basadas en un tipo particular, y lo más probable es que no tengan ninguna relación con ningún conflicto emocional de parte del autor. Es seguro que no demuestran nada de su vena satírica. Sin embargo, revelan que Caviedes tenía una comprensión profunda del sentimiento de amor y que conocía muy bien la tradición literaria pastoril. Algunos de sus poemas contienen descripciones muy hermosas de la naturaleza; el romance "Un arroyo fugitivo", por ejemplo, presenta un retrato encantador de un arroyo que rompe con los vínculos del invierno para fluir hacia el sol acompañado por las canciones de los pájaros. Es dirigido a "Lisi" y se aplica el frío del invierno a la escarcha de su desdén.

Es aparente que Caviedes se dedicó mucha atención a la cuestión de amor, no sólo como un pretexto para sus versos amorosos sobre mujeres reales o imaginarias, sino como un tema en sí mismo. En el soneto "Catorce definiciones al amor", el satírico revela algunos de los muchos aspectos del sentimiento los cuales pueden ser una bendición o una maldición, un ansia vaga o una pasión quemante. Aparece como verdad y falso a la vez y siempre es un rompecabezas o laberinto.

La poesía de Valle Caviedes, la que no está recargada de ornamentación ni oprimida por una forma intensificada en sus procedimientos, como en los Romances Amorosos, obtiene una ágil expresión y galanura. El romance tercero posee un corte delicioso:

> En el regazo de un olmo,
> verde gigante del prado,
> estaba un triste pastor,
> pensativo y sollozando.
> Con la mano en la mejilla
> y el pañuelo en la otra mano;
> así decía a las flores,
> las lágrimas enjugando:
> Flores, si sabéis de amor... (76).

La sencillez de estructura otorga distinguida gracia. Otros motivos están igualmente interpretados con finura, como aquel que se refiere al mito de Apolo y Dafne:

> En un laurel convertida
> vio Apolo a su Dafne amada
> ¿quién pensara que en lo verde
> murieran sus esperanzas? (80)

En este segundo ejemplo el contraste ideológico entre el verde—símbolo de la esperanza—y la desgraciada suerte del dios que no pudo gozar de la ninfa metamorfoseada, anuncia el barroquismo que logrará en otras composiciones.

Merece especial atención, en esta línea, el procedimiento de tratar los mitos en broma. El barroco recoge la tradición clásica, y la estudia para transformarla, recrearla o para tratarla burlescamente. Sabido es el aprecio que Góngora sentía por su romance cómico "Píramo y Tisbe", que compuso al final de su vida (1618). En esta actitud estilística están las fábulas de Polifemo y Galatea, Júpiter e Ío y Narciso y Eco, de Valle Caviedes. Estos temas habían sido tratados en serio por Góngora—el "Polifemo"—y por Calderón en el drama "Eco y Narciso".[20]

Valle Caviedes es una figura de síntesis del barroco hispánico en América. Expresa en su vivo y agudo verso los temas y técnicas literarias de la época, imprimiéndoles un sello personal. Se inspiró primordialmente en la obra de Quevedo, en su triple valencia: satírica, moralizadora y petrarquista-culterana.[21] Esto no fue obstáculo para que infundiera a su obra, vivamente relacionada con la anécdota histórica en la mayoría de los casos, un acento auténtico. Su poesía es índice máximo del barroco virreinal en el Perú. Es cierto que Caviedes gozó de mucha fama durante su vida, no solamente en Lima sino tan lejos como Nueva España y es, sin duda, el mejor poeta del período colonial peruano. Para el lector moderno, la poesía de Caviedes es mucho más que un mero ítem de interés anticuario o una muestra de las cartas coloniales del siglo XVII. A diferencia de la mayor parte de la literatura de los siglos pasados y de la de hoy también, la sátira de él no está atrapada en el período de su composición. Las mismas cualidades del interés humano, la imaginación poética y la claridad del estilo que hacían las obras tan populares en la vida del autor, las hacen extremadamente divertidas y fáciles de leer hoy en día.

## CAPÍTULO VIII

CARLOS DE SIGÜENZA Y GÓNGORA:
SU POESÍA CULTERANA Y SU NARRATIVA

...the diversity of [Carlos de Sigüenza y Góngora's] interests, the high degree of attainment reached in all of them, and his prolific literary activity mark him as one of the greatest scholars of the seventeenth century in the Western Hemisphere—including the English colonies—and a figure whom no true historian of the early cultural history of the New World can properly neglect.
Irving A. Leonard

### Introducción

El siglo XVII mexicano ofrece figuras de mucho renombre literario. La exquisita poetisa jerónima Sor Juana Inés de la Cruz es un preclaro ejemplo. El erudito Carlos de Sigüenza y Góngora[202] es otro. Poeta culterano y matemático. Contraste famoso de número y verso. Signo de modernidad pura. Escritor de talento en corte de virreyes, bajo la dirección arzobispal, con visos de astrólogo y de cosmógrafo. Poeta de circunstancia y sabio de vocación. Mantuvo su laurel de Apolo con dignidad. Su ciencia fue tan renombrada, que Luis XIV quiso llevárselo a Francia; tal vez con deseos de conocer mejor la ruta de occidente. Fue expulsado de la orden jesuita, lo cual le acarreó graves consecuencias al guardar fuera de su protección. Además fue uno de los pocos espíritus científicos de su tiempo; destacó en medio del fanatismo y las supersticiones de sus contemporáneos.[203]

A Sigüenza y Góngora le encantaba la escritura demasiado para permitir que sus varios deberes interfirieran con su pasatiempo favorito. Desde sus días de estudiante en Tepotzotlán hasta el fin de su vida estuvo constantemente envuelto en alguna forma de escribir. Sabía perfectamente bien que era improbable que sus composiciones aparecieran imprimidas pero esta realización no le impedía de escribir aunque le era una fuente de arrepentimiento profundo. Esta dedicación a escribir y su talento innegable pronto le ganaron reconocimiento y se le pidió grabar varios eventos

# Clásicos de la Literatura Hispanoamericana

públicos de importancia. Uno de éstos, que se le delegó a escribir aun antes de hacerse capellán en el Hospital del Amor de Dios, fue una historia del establecimiento y la construcción de la iglesia de la Virgen de Guadalupe en la ciudad de Querétaro. Este relato fue publicado en 1680 bajo el título de las *Glorias de Querétaro*.

Es un hecho triste y tal vez no un comentario positivo sobre sus tiempos, que las obras de la calidad más altas de Sigüenza, por lo menos al historiador general, no fueron publicadas en la mayoría de los casos.[104] Excepto por su *Libra Astronómica y Filosófica*, muy pocas obras de erudición genuina salieron en forma de libro. Tenía la mala fortuna de vivir en una época y ambiente en los que la mayoría de las obras que se consideraban dignas de publicación eran las que glorificaban la Iglesia. La censura rigurosa impuesta por la Inquisición previno a menudo la publicación de obras de una naturaleza más secular. Esto en sí no pudo haber sido un obstáculo tan serio para Sigüenza que luego se hizo "corrector" del Santo Oficio. Pero el costo excesivo del papel e impresión lo hizo imposible para este investigador publicar los resultados de sus propios estudios. La mayoría de los libros que han sobrevivido fueron escritos en obediencia con el pedido de algún individuo u organización que estaba dispuesto a pagarlos. Éste fue el caso con las *Glorias de Querétaro*.

No se puede deducir de estos comentarios, sin embargo, que las obras publicadas de Sigüenza sean sin valor. Al contrario, son frecuentemente minas verdaderas de información miscelánea. Aunque sus temas son principalmente eclesiásticos (con la excepción de *Libra Astronómica y Filosófica*, por supuesto) sus poderes de observación y memoria eran demasiado desarrollados para hechos extraños para ser excluidos (Jara y Spadaccini 46).

El tipo de poesía de Sigüenza se aviene bien con la "ingegnosità" de que habla Croce (24), en la que el cálculo frío de la razón determina la imaginación. No es aplicable, sin embargo, la connotación peyorativa que el profesor italiano establece. La generación poética española de 1927 (Lorca, Alberti, Cernuda), por ejemplo, prueba que la matemática del vocablo puede ser vehículo de belleza y de poesía. Estructura irreducible, sí, pero luminosa como en el caso del Góngora discutido, admirado y fecundo.

En este capítulo pienso demostrar que Carlos de Sigüenza domina la técnica poética en el estilo culterano, y en esta corriente sobresale. También comento brevemente *Los Infortunios de Alonso Ramírez*, relato que narra las peripecias del puertorriqueño Alonso Ramírez, quien le contó a Sigüenza y Góngora sus desdichas.[105]

## La Poesía Culturana

Los medios de expresión de Sigüenza y Góngora son ricos. Posee las características barrocas que Günther Müller aplicaba a la poesía alemana del seiscientos cuando la describía como una *Höfische Dichtung* (poesía cortesana), que fundamentó el arte en la habilidad de percibir y nombrar las cosas apropiadamente—"Inteligencia dame el nombre exacto de las cosas", ha dicho en la época contemporánea Juan Ramón Jiménez (22). La suya es una manera cortesana de virtuosismo intelectual, una presentación de una ideología jerárquica a la que se insta que se reverencie y acate. Su arte urge un público y concibe la vida como teatralización y espectáculo, y su tono sensacionalista reviste una tensa y honda inquietud. Es una poesía de sentidos y de ideas, eminentemente sonora, con aciertos muy bellos, y que, a la vez, encierra, en el caso de Sigüenza, un enigma descifrable, una didáctica. Hay un afán novedoso, un crucigrama de conceptos, un virtuosismo de exhibición en el intento de atraer unánime alabanza.[106] De ahí el gusto por las justas poéticas y los certámenes de corte ante un público dilecto que a la mayor prestidigitación métrica otorgaba mayor asombrado aplauso. Cabe situar esta poesía en una corriente estética que comienza con las cantigas profanas y el "trobar clus" provenzal y que posee felices hitos en los cancioneros del XV y en Juan de Mena. La antorcha la yergue Luis de Góngora.[107] Poesía que exige un culto de la palabra y un cuidadoso bucear en la imaginación para la selección del vocablo refulgente.

El culteranismo tuvo poderosa expansión en América (Leonard *Don Carlos de Sigüenza y Góngora* 46); y Sigüenza pertenece a la escuela, como puede observarse en el ejemplo siguiente:

> Repite en ondas con balance airoso
> a estos toscos peñascos una a una
> las que baldonan su esquivez ingrata
> con labios de cristal, voces de plata. (Leonard 55)

Si en la técnica imitó a Góngora y Argote, en el mensaje difería. La poesía esteticista del cordobés, exuberancia de sentidos y de formas, sin otro fin que el arte mismo, se modificó en el mexicano. Una nueva tónica le separa y le concede facetas originales: la tensión del sentimiento religioso; obra que refleja las consecuencias del Concilio de Trento (1563) y que se determina en el arte de la Contrarreforma; estilo de vírgenes y santos que sienten y perciben. En este aspecto se revela como el escritor barroco que ha concebido

Weisbach (41) y quizá aún más sea ejemplo de concepto de Viëtor, para quien la actitud social y la preocupación religiosa son las dos notas esenciales de este arte (166). El mensaje doctrinal en Sigüenza coincidiría con la preocupación social de la que habla Viëtor, y su temática con la tensión religiosa.

Toda la obra poética del mexicano, de aliento jesuita, trata temas de unción católica. La *Primavera Indiana*, 1668,[108] versa sobre los símbolos mágicos de la Virgen y sobre el favor espiritual de su culto. En el poema las *Glorias de Querétaro* describe el templo de la Virgen de Guadalupe. El "Teatro de virtudes políticas..." es una curiosa composición en parlamentos, en la que diferentes personajes de la tradición indígena dan la bienvenida con prudentes consejos al virrey Conde de Paredes, Marqués de Laguna. Las poesías del *Triunfo Parténico* son un loor del misterio de la Inmaculada Concepción.[109] El poema *Oriental Planeta Evangélico* canta el apostolado de San Francisco Javier en América. El sentido de la contrarreforma es obvio en la insistencia del culto mariano y en sus alusiones al credo protestante.

Se trata de una poesía que ha sometido la manera clásica a una retorsión y a un recargamiento ornamental. Hay que entrar con llave maestra para alcanzar el significado escondido en el juego de planos distintos que forman enmarañada urdimbre, la concentración de cultismos, la dificultad sintáctica—y en el uso de las cláusulas condicionales, en la distorsión del orden normal de la frase, el uso del hipérbaton, las referencias mitológicas. Todo exige la tarea del exegeta (Bell 372).

La *Primavera Indiana* es un buen ejemplo del barroco. Poema descriptivo, alegórico, narrativo, escrito en octavas—*La Fábula de Polifemo y Galatea* del cordobés no anda lejos. Se pinta con sonoros versos la naturaleza mexicana; se narra la historia de México y la leyenda de la Virgen de Guadalupe. La figura de la Virgen, cuyos símbolos son las flores de mayo, es representativa de la actitud católica de la corte virreinal de Nueva España. Estos distintos elementos se entretejen y se cubren con las relaciones mitológicas pertinentes a la época, lo que hace que la composición pueda ostentar dificultad gongorina. Veamos algún ejemplo de la estrofa catorce:

> Por veneno sangriento, aljófar puro
> les arroja una breve Sierpe undosa
> a las breñas, que son caduco muro
> donde espumas dexó por piel vistosa:
> en su seno admite el monte duro

al argentado monstruo, al fin quejosa
se desliza la Sierpe por las breñas
lamiendo rocas, y enroscando peñas.

(Leonard *Don Carlos de Sigüenza y Góngora: A Mexican Savant of the Seventeenth Century* 56)

El pasaje dice: Una Sierpe undosa—riachuelo—arroja aljófar puro a las breñas, en vez de veneno sangriento; éstas—las breñas— forman un muro, en donde brota la espuma caduca que la sierpe— corriente—dejó en vez de piel vistosa. El monte duro admite en su seno el argentado monstruo—corriente, y éste se desliza lamiendo rocas y enroscando peñas, al fin quejoso—dado el murmullo de las aguas.

Hasta aquí se trata de una descripción agreste, en donde el juego de palabras se basa en la metáfora de la sierpe por corriente de agua, por la similitud plástica de sus respectivas formas. En la continuación de esta metáfora se recuerda el cambio de piel del reptil y se compara con la espuma del agua. La observación de la llamada "muda del ofidio" permite un paralelo con la espuma. Ambas son blancas y frágiles y poco densas. Agua y serpiente se separan, la una, de la espuma, y la otra, de la piel. E igual que la culebra lame y se enrosca, así también el agua simula lo mismo entre las rocas.

Cabe otra significación más escondida. Toda una alegoría, que prueba la "bifurcación mental" gongorina de la que habla Alfonso Reyes. La serpiente es el símbolo del pecado original, vencedor de la naturaleza humana. Pero aquí la naturaleza, aunque humana, caso excepcional de la Virgen, obtiene la palma victoriosa, pues fue concebida sin mancha. Entonces el ofidio que inyecta veneno—el famoso basilisco era ejemplo—y que en el doble sentido que el autor le da es el símbolo del pecado original, envía sólo aljófar—perlas, es decir—pureza. El agua sierpe, símbolo de la vida, no cumple, esta vez, su función pecaminosa ante la firmeza del monte—naturaleza humana de la Virgen—y de su vencimiento se queja—"al fin quejosa", y no alcanza más que a lamer los pies de su enemiga—"lamiendo rocas". Compárese esta descripción con la lámina de la Virgen que tiene a sus pies el reptil, figura muy extendida en la imaginería católica. Sigüenza era devoto del que fue más tarde dogma de la Inmaculada Concepción.[10] Esta urdimbre de diferentes planos—el descriptivo y el alegórico—establece problemas de exégesis que están esperando a un erudito que estudie todo el poema con la atención necesaria.

En la octava que hemos puesto de ejemplo puede percibirse el acopio de cultismos—aljófar, undosa, caduco, argentado,

# Clásicos de la Literatura Hispanoamericana 113

monstruo—de abolengo gongorino.[131] El poeta intensifica el uso de los cultismos hasta un extremo. Puede ello juzgarse por esta lista de los que emplea, muchos de los cuales fueron censurados por los enemigos de esta corriente literaria:[132]

aljófar (XIV); anunciar (LV); aplaudir (XXVI); argentar (XIV); armonía (XXVI); armonioso (II); aromático (LXVIII); atento (XLVII); atractivo (LXXIX); aurora (LIV); caduco (XIV); cándido (X); candor (LVIII); canoro (XXVI); carbunclo (LXVI); clima (II); concento (I); confuso (LIV); copia (XIII); culto (XXXVIII); crédulo (LI); denso (XVII); descrédito (XII); diáfano (III); diamante (III); dilatar (LXXIII); discurso (XXXV()); dulce (L); dulcemente (XLVIII); ebúrneo (XXXIV); elemento (III); embrión (X); emulación (XV); emular (XXVIII); erigir (XLIX); errante (III); esfera (XXVII); esplendor (LXIII); flamante (XLVIII); fragante (XIX);: fingir (L); galante (LXI); gemir (XVIII); infausto (X); ingrato (XXIV); inocencia (XLVI); investigar (XLVII); lilio (LXX); líquido (III); monstruo (III); número (VI); nuncio (LXIII); nocturno (XXIV); opaco (XII); pénsil (XVIII); peregrino (XVIII); planta ( XXII); plectro (XXI); polo (XXI); pompa (KK); profano (XLIX); profundo (XLV); prolijo (XXXVI); púrpura (LX); purpurear (XVII); rémora (LXXVIII); renunciar (XXIV); repetir (XXVI); rubio (LV); suma (XXII); término (LV); torso (XXXIV); tímido (XVI): trofeo (LIV); undoso (XIV); vago (XVIII); virgen (LIII); virginal (XX).

Es todo un homenaje máximo al autor de las *Soledades*, puesto que se trata del vocabulario que utilizara el cordobés.

En la obra barroca de Sigüenza se percibe "das Malerishce", que señaló Wölfflin como caracterizante del siglo, es decir, lo pictórico-descriptivo, y también la "Unklarheit"—traducido por técnica del claroscuro, ya que los desarrollos paralelos de los hilos narrativos, real y alegórico, dan luces y sombras al perfil sonoro; pero todo ello subordinado a la "Einheit" o unidad de composición que otorga fuerza y perspectiva.

**La Narrativa en la Colonia: *Los Infortunios de Alonso Ramírez*.** El cuento y la novela son prácticamente inexistentes en los dos primeros siglos de la Colonia. Abundaron los cronistas y los poetas, pero no los novelistas. Sin embargo, a fines del siglo XVII nos encontramos con un relato escrito en primera persona y que, a pesar de estar basado en un acontecimiento real, guarda semejanzas con la novela. En 1690, Sigüenza y Góngora publicó *Los Infortunios de Alonso Ramírez*, donde cuenta las aventuras de un joven puertorriqueño en tierras y mares del Caribe, México y Filipinas. Alonso estuvo al servicio de distintos amos, ejerciendo varios oficios (Leonard *Don Carlos de Sigüenza y Góngora* 30). Sus correrías, tan numerosas como originales, despertaron la curiosidad del virrey, que solicitó su presencia para escuchar sus historias. También atrajo el interés de Sigüenza, que recibió autorización del joven para escribir sus peripecias.[113] El relato tiene toda la vitalidad de los *Naufragios* de Cabeza de Vaca; experimenta el mismo tipo de miedo pero el marco histórico ha cambiado. Ahora las personas que le puedan causar dificultad no son los amerindios; son los ingleses que recorren el Caribe buscando botín. El relato, escrito en primera persona, ha sido considerado como un precursor importante de la primera novela hispanoamericana.[114] La descripción es muy realista, sencilla y divertida.[115]

Escribiendo de otros en primera persona (una técnica picaresca), el autor logró la libertad para dramatizar escenas objetivamente seleccionadas. No es una novela sino un libro de viaje, escrito con la intención de grabar episodios reales y dar información sobre la geografía natural y humana (Mignolo 102). Alonso Ramírez fue uno de estos criollos viriles y vitales en quien vivía el espíritu de los conquistadores españoles, pero ahora vivía en otros tiempos. Ramírez nació en Puerto Rico en 1562 y sin darse cuenta, fue metido en la decadencia política de España. Exactamente un año después de la derrota de la Armada Española, fue capturado por los "piratas heréticos" ingleses y sufrió terribles humillaciones—la menor de las cuales fue oír a los ingleses llamar a los españoles "cobardes y gallinas". Al lograr su libertad poco más de dos años después, sus hombres y él navegaban con terror porque sentían que todos los mares estaban llenos de ingleses. España había perdido su vigor emprendedor y en América el criollo sufrió del deterioro de su honor político. Sigüenza y Góngora habla de las herejías de Francia y de Inglaterra; mientras España, que se había apartado más y más de los centros creativos de Europa, ahora basa su orgullo en su catolicismo (Arrom 274).

Vemos lo mejor de Sigüenza y Góngora en *Los Infortunios de Alonso Ramírez* como un autor de prosa y podemos preguntarnos si pudiera haber sido un gran escritor de prosa si las circunstancias le habrían permitido escribir ficción. El estilo es sin afectación, conspicuo por la falta de citas ponderosas latinas que hacen muchas de sus obras tan desagradables al paladar del lector contemporáneo. Vemos el lado humano del investigador y su habilidad de apreciar un buen relato. Parece que se separa a sí mismo de lo pesado de algunas obras de su época y nos da una historia bastante interesante cuya ampliación podríamos esperar fuera más sustancial.

# CAPITULO IX

## SOR JUANA INÉS DE LA CRUZ:
## VOZ INOLVIDABLE DE LA LITERATURA COLONIAL

Por ella se rompen lanzas todavía. Es popular y actual. Hasta el cine ha ido en su busca. Y como se ha dicho sutilmente, no es fácil estudiarla sin enamorarse de ella.
Alfonso Reyes

### Introducción

Como ya sabemos, en la segunda mitad del siglo XVII floreció en México una cultura barroca, cuya expresión señala el clímax literario de la época virreinal en Norteamérica. La figura casi mágica de Juana de Asbaje, conocida por su nombre de religiosa jerónima, Sor Juana Inés de la Cruz, es un ejemplo preclaro de esta literatura.[116] Los tres aspectos estudiados en este capítulo—poesía, dramática y prosa—caracterizan, en una tónica rococó, a la figura literaria que más resplandeció en la cultura virreinal americana. En la poesía de esta escritora la violencia del barroco se suaviza. Es un arte de cámara, en el que el refinamiento y la finura matizan un estilo rococó. Los acordes musicales amaneran el gesto, en un jugueteo de danza de salón. La razón guía sentimientos y emociones, que se expresan en símbolos, actitudes y formas estudiadas. Los cánones estéticos modulan la pasión amorosa. Así los versos de Sor Juana más convencen que mueven. El dominio de la técnica discursiva ofrece dúctiles y correctas cláusulas. Es la medida lo que importa. Por eso el reloj se encuentra entre los motivos cantados. El teatro de Sor Juana, aunque reducido, logra un grado estético de singular excelencia. Si en la comedia tiende a una mayor complicación escénica que la de sus modelos, en el auto sacramental otorga especial cuidado a la ornamentación y a la forma métrica.

Faltaría una nota esencial de la obra de la ilustre monja jerónima si no habláramos de su prosa. Fue una mujer de letras de amplísimos conocimientos. El deseo de saber dirigió sus pasos y se adelanta a la doctrina general del siglo de la Ilustración al defender la causa "feminista" la cual se expresa muy elocuentemente en su *Respuesta a Sor Filotea* (Bell 372). Es por eso que dedico la mayor parte de este capítulo a la *Respuesta* donde Sor Juana aduce que la sabiduría nunca

# Clásicos de la Literatura Hispanoamericana

estuvo prohibida a las mujeres, y recuerda casos citados en la Biblia y en la historia de la Iglesia, para concluir con la exposición de los buenos frutos que podrían alcanzarse si hubiera mujeres doctas en diferentes ramos del saber. Como veremos Sor Juana se trasladó desde la periferia hasta el centro y llegó al área central del dominio patriarcal. No obstante vale la pena enfocarnos en la marginalidad de Sor Juana Inés de la Cruz y como les afectó a ella y a su obra.

## Poesía

Para entender la lírica de Sor Juana es conveniente recordar su educación musical. Vossler anota que escribió un tratado de armonía, hoy perdido (82). La monja compuso numerosos villancicos, ya para fiestas religiosas determinadas, ya para oficios de Maitines, y también bailes, tonos, jácaras y letras para cantar, que forman gran parte de su obra en verso (Puccini 237).

El ritmo melódico o el de recitado caracteriza la obra, que adquiere en ocasiones un aire de contradanza, como en el comienzo de aquellas endechas "que explican un ingenioso sentir de ausente y desdeñado":

> Me acerco y me retiro:
> ¿Quién sino yo hallar puedo
> a la ausencia en los ojos
> la presencia en lo lejos? (203)

Aclarado el por qué de la cadencia y fluidez del verso, pasemos a otro aspecto definidor. Esta poesía debe ser situada como un tipo de Academia de Amor. El arte consiste en la geometría del diseño. Los temas vienen forzados por la época. No importa la originalidad del motivo tratado, sino el procedimiento o la perfección técnica. Se busca conmover con el énfasis y la afectación, aplicados a la expresión del sentimiento (Sánchez "Un Villón criollo" 65). Se discurre con ingenio sobre casos de amor. Los celos, el dolor de la ausencia y las finezas de amor son tópicos escogidos. Se plantean problemas amorosos: ¿qué causa más molestia, el amor sin correspondencia o el ser amado sin voluntad?; ¿debe someterse el gusto a la razón?; ¿cuáles son los pasos de la pasión amorosa? Los contendientes explican silogísticamente en verso sus decisiones, defendiéndolas con métodos argumentos. Las personas que intervienen parecen requerir nombres arcádicos. Sor Juana escoge: Amarilis, Feliciana, Lysi, Nise, Fabio, Lisardo, Silvio, Alcino y Celio. También son conocidos ejemplos de esta lírica: "Si es causa amor productivo...", "Supuesto, discurso mío...", "Si acaso, Fabio mío..." y "Este amoroso tormento". Calderón había desarrollado motivos parejos en el teatro. Por ejemplo, había referido que el amante debía ir provisto de las cuatro eses: "Sabio, solo, solícito y secreto" de *Lances de Amor y Fortuna*, o declaraba la fineza de amar sin ver el objeto de pasión como en *Pero está que estaba*, o lucubraba sobre "¿cuál es mayor pena amando?" de *El secreto a voces* (Valbuena Briones *Obras Completas de Calderón de la Barca* 165, 309, 1202). El madrileño y la mexicana cultivaron los mismos campos poéticos, una retórica de amor que contribuye a una prolongada corriente literaria en la historia de la civilización.

Es una poética apropiada para la corte, y la monja fue hábil en palacio. Las obligaciones de su profesión religiosa no le impidieron que participara activamente en la vida aristocrática del virreinato.[18] Supo atraerse la amistad de los poderosos. Doña Leonor de Toledo, marquesa de Mancera—Laura en sus composiciones—la favoreció con generosidad. Gozó de la buena disposición de doña María Luisa de la Cerda y Aragón, marquesa de Laguna y Condesa de Paredes, con quien estrechó relaciones cordiales. Es Lysi en las poesías que aquélla le dedicó. Un estudio de éstas nos da la pauta de sus cortesías. Con motivo del cumpleaños de la virreina le regaló a ésta un "retablito de marfil"—"Por no faltar, Lysi bella,...". Le mandó un libro de música con la primera lección en verso—"Después de estimar mi amor". Cuando la marquesa quedó embarazada le envió una diadema que simulaba un dulce de nueces para prevenir un antojo— "Acuérdome, Filis mía". La felicitó por el bautizo de su hijo y más tarde le ofreció un "andador de madera" para el joven primogénito. Pueden seguirse de este modo las relaciones sociales de la monja en la corte virreinal. Estas composiciones de ocasión adquieren vuelo significante, con un nivel artístico más elevado, en las peregrinas hipérboles que Sor Juana expresa a su amiga, ya sea en las endechas reales que comienzan "Divina Lysi mía", ya en aquel romance decasílabo de curiosa factura, en el que pinta "la proporción hermosa" de la Condesa de Paredes:

> Pámpanos de cristal y de nieve,
> cándidos tus dos brazos, provocan
> tántalos, los deseos ayunos:
> míseros, sienten frutas y ondas.
> Dátiles de alabastro tus dedos,
> fértiles de tus dos palmas brotan,
> frígidos si los ojos los miran,
> cálidos si las almas los tocan. (172-173)

# Clásicos de la Literatura Hispanoamericana

Es un arte de palabra más que de emoción. Tal vez los símiles empleados sean, a veces, ecos de composiciones de otros autores (Carilla *Sor Juana: Ciencia y Poesía 301*). La lírica de Sor Juana está embebida en el barroco. Imágenes y motivos divulgados influyen sus versos. Temas tan conocidos como el de "los riesgos del mar", del "desengaño de la vida", de "la discreción" tienen expresión en su obra. Como dijimos, Calderón ha sido el guía de la mexicana en muchas ocasiones. Basta comparar poemas de ambos autores para observar la similitud de atmósfera. La transcripción de dos ejemplos prueba la proximidad del artificio y al mismo tiempo el valor poético de Sor Juana, que logra una alta calidad.

Estas que fueron pompa y alegría,
despertando al albor de la mañana,
a la tarde serán lástima vana,
durmiendo en brazos de la noche fría.
Este matiz, que el cielo desafía,
iris listado de oro, nieve y grana,
será escarmiento de la vida humana:
¡tanto se emprende en término de un día!
A florecer las rosas madrugaron,
y para envejecerse florecieron:
cuna y sepulcro en un botón hallaron.
Tales los hombres sus fortunas vieron:
en un día nacieron y expiraron:
que pasados los siglos, horas fueron.
(Valbuena Briones *Obras Completas de Calderón* 233)

Rosa divina que en gentil cultura
eres, con tu fragante sutileza,
magisterio purpúreo en la belleza,
enseñanza nevada a la hermosura.
Amago de la humana arquitectura,
ejemplo de la vana gentileza,
en cuyo ser unió naturaleza
la cuna alegre y triste sepultura.
¡Cuán altiva en tu pompa, presumida,
soberbia, el riesgo de morir desdeñas,
y luego desmayada y encogida
de tu caduco ser das mustias señas,
con que con docta muerte y necia vida,

viviendo engañas y muriendo enseñas!
(Méndez Plancarte *Obras Completas de Sor Juana* 278)

El arte de la mexicana imita también la estructura interna o técnica del verso de Luis de Góngora, cuya obra conocía bien (González Echevarría 22). Su devoción por el cordobés se muestra con clara evidencia en su poema de mayor vuelo, *Primero Sueño*. Es una silva de 975 versos que sigue la arquitectura de las *Soledades*, de Góngora. Intensifica el uso del cultismo (canoro 56, cerúleo 88, cóncavo 98), del hipérbaton—es decir, la alteración del orden normal de las palabras, y de la repetición de fórmulas estilísticas (A, si no B; y sus derivadas). Sigue a Góngora en la técnica aquitectónica del poema; también en la lección magistral de las metáforas e imágenes (Sabat de Rivers *El "Sueño" de Sor Juana*... 64). Ilustrado es el estudio de Gates sobre este aspecto que demuestra la semejanza de clima entre las *Soledades* del cordobés y la obra de la mexicana (1050). Prueba, además, el conocimiento y recuerdo de otro poema gongorino, el *Polifemo*. El sentido barroco de imitación, en el que Sor Juana participa, ha sido causa de que algún crítico haya censurado su fórmula poética (Salinas 96). Cabe que el lector quede perplejo al ver las relaciones estilísticas entre Góngora, Calderón, Quevedo y Sor Juana. Sin embargo, Sor Juana es poetisa de fino y matizado estro. El que los modelos sean fácilmente reconocibles no resta a su perfección formal ni a sus bellos logros.

En el caso del *Primero Sueño*, la insistencia con que la crítica se fija con positiva apreciación en el poema indica el éxito literario (Flynn 357). Describe un sueño alegórico en el que se rechaza el deseo de ciencia sin estudio. El método deductivo es el válido para poder ascender al conocimiento universal (Sabat de Rivers "Sor Juana Inés de la Cruz" 283). En esta defensa racionalista alcanza momentos de profunda inspiración cuando describe el cuerpo y sus funciones en el sueño o cuando compara el deseo vano de ciencia con las pirámides egipcias de Menfis, a las que llama, en calderoniano estilo, "bárbaros jeroglíficos de ciego error" (381). Logra metáforas hermosas como llamar a la estrella Venus "amazona de luces mil vestida" (899). El artificio no merma el arte del poema.

La poesía de Sor Juana posee aciertos de gran valor estético. En los sonetos, por ejemplo, la factura es inmejorable. Excelsa arquitectura barroca la de aquel que dice:

Esta tarde, mi bien, cuando te hablaba,
como en tu rostro y tus acciones vía
que con palabras no te persuadía,

que el corazón me vieses deseaba;
y Amor, que mis intentos ayudaba,
venció lo que imposible parecía:
pues entre el llanto, que el dolor vertía,
el corazón deshecho destilaba.
Baste ya de rigores, mi bien, baste;
no te atormenten más celos tiranos,
ni el vil recelo tu quietud contraste
con sombras necias, con indicios vanos,
pues ya en líquido humor viste y tocaste
mi corazón deshecho entre tus manos. (652)

También podrían citarse "Este, que ves, engaño colorido,..." y "Detente, sombra de mi bien esquivo,..." como modelos del género.

## Teatro

Sor Juana compuso dos comedias, *Los Empeños de una Casa* y *Amor es más Laberinto*, ésta en colaboración con Juan de Guevara (Sibirsky 22). También cultivó el auto sacramental: *El Divino Narciso*, *El Mártir del Sacramento*, *San Hermenegildo* y *El Cetro de José* son sus contribuciones. A esto hay que añadir dos sainetes. Esta producción dramática está otra vez en la línea de Calderón, quien había dado una técnica definitiva al teatro barroco.

*Los Empeños de una Casa* es una comedia de capa y espada de intrincado enredo. El doble plano de apariencia y realidad da sesgos graciosos y de humor. Situaciones inesperadas complican el normal curso de la acción, obligando a los personajes a aceptar conductas enojosas. La confusión se acrecienta cuando damas y caballeros no se comportan según las leyes de honor, sino que atienden primero a su conveniencia o a su impulso sentimental. Los dos hermanos, Pedro y Ana de Arellano, creadores de trazas y embustes, son castigados en la sanción final. Don Pedro pierde a la dama que quiere y Ana ha de casarse con el galán que no desea. Podrían rastrearse ecos autobiográficos en el personaje de Leonor.[139]

La pieza guarda las tres "unidades aristotélicas". La acción principal se basa en el engaño de don Pedro de Arellano para traer a su casa a Leonor y poder de ese modo casarse con ella. La acción subordinada es la de Ana, que se vale del enredo para tratar de conseguir el amor de don Carlos de Olmedo. A pesar de esto, la unidad no se pierde. Los acontecimientos ocurren en Toledo en la casa, el jardín y la calle de los Arellano. Finalmente todo sucede en veinticuatro horas. Comienza la historia en la noche del día primero y se resuelve en la noche del día segundo.

Aunque Calderón no siguió las unidades, los trucos de escena, los elementos dramáticos e incluso el vocabulario de *Los Empeños de una Casa* imitan los de aquel autor. La intriga recuerda—la atmósfera es similar—a *La Desdicha de la Voz* del madrileño. Un procedimiento empleado es el de los "espacios reducidos" (Valbuena Briones *Ensayo sobre la Obra de Calderón* 45-51). Los conflictos ocurren en lugares limitados. Una habitación se llena de personajes. Interpretaba esto como una expresión artística de la opresión de las complicadas leyes sociales de la época. Las escenas del Acto I y del Acto III que suceden sin luz y que señalan los momentos críticos de confusión, representan esta técnica calderoniana en la obra de la monja. Otra huella del autor de *La Vida es Sueño* es la situación del caballero encerrado por su dama, así como el tópico de la reflexión irónica sobre la propia manera dramática. En una de estas burlas, Sor Juana se refiere explícitamente al maestro: "Inspírame alguna traza / que de Calderón parezca" (127).

Sor Juana recoge también la expresión, y se ha comparado el título de su comedia con el de *Los Empeños de un Acaso* de Calderón, a lo que podría añadirse el de *Casa con Dos Puertas, Mala es de Guardar*.

Con todo, se trata de una discípula con arte propio. Aparte de la aceptación de las unidades, se separa además en varios aspectos del jefe de escuela. El tema del honor adquiere facetas diferenciantes. La figura del viejo, Don Rodrigo, que busca un entendimiento pacífico a su problema familiar, no se encuentra en el teatro de Calderón. Tampoco la susceptibilidad vengativa que apunta en Don Carlos. Cuando el lector se percata que el gracioso Castaño es un "moreno", percibe la disparidad de mundos—Sor Juana tenía una esclava negra que la servía. Las escenas de burlas con Castaño y su disfraz de dama responden a un "humor criollo" que subraya distinciones (Jara y Spadaccini 276).

En el auto sacramental, Sor Juana cultiva el tema hagiográfico—*El Mártir del Sacramento*, el bíblico—*El Cetro de José* y el mitológico—*El Divino Narciso*. En este último culmina la dramática de la autora. Puede parangonarse con los mejores de Calderón en cuanto al estilo formal. El cuidado en la estructura y en la labor del verso es admirable. Un auto sacramental, indebidamente atribuido a Calderón, pudo haber servido de esquema inicial para la redacción de *El Divino Narciso*. La obra de Sor Juana supera con mucho a aquel auto, pues posee la suntuaria y espectacular contextura y poesía dignas de la segunda versión de *El Divino Orfeo*, 1663. Se aplica un mito para obtener una alegoría cristiana; el de Narciso ofrece la estructura simbólica para explicar el dogma de la redención humana por la venida de Jesucristo al mundo (Pfandl 232). Narciso es la imagen encarnada de Dios por amor a la Naturaleza Humana. Eco es la alegoría de la soberbia luciferina, que pierde su poder al enfrentarse con la Gracia. La pieza termina con la exaltación de la Eucaristía.

El mayor encanto de la obra radica en su lirismo. Buena retórica tiene la enumeración de los elementos de la Naturaleza que Eco pronuncia al final del parlamento de la escena III del cuadro I, así como las endechas de la tentación en el monte. De excelente factura lírica son las "quejas" de la Naturaleza Humana, a la manera del *Cántico Espiritual* de San Juan de la Cruz. Se destacan también las elaboradas y barrocas décimas con que Narciso describe la imagen de la Naturaleza Humana reflejada en la fuente. Utiliza la forma métrica llamada *eco*, como era de esperar. Del Encina la había ensayado en los albores del Renacimiento, y Calderón la había popularizado, especialmente en el drama *Eco y Narciso*, 1661.

## Cartas

En los últimos años muchos críticos han dedicado sus investigaciones a la producción prosista de Sor Juana Inés de la Cruz. Hoy su obra *La Respuesta a Sor Filotea* es tan famosa como su obra poética. Se le ha llamado el primer manifiesto feminista y no cabe duda que lo es (Merrim "Towards a Feminist Reading of Sor Juana Inés de la Cruz; Past, Present, and Future Directions in Sor Juana Criticism" 25). Pero existe más de una manifestación dentro de ella. Además de exigir que las mujeres tengan el derecho a estudiar, Sor Juana mostraba sutilmente como podía llegar al centro del dominio patriarcal, pero tuvo que aceptar su rol como peón en un partido de ajedrez entre unos obispos de altas filas. Como sabemos del ajedrez, los peones son las piezas más prescindibles y parece que Sor Juana desempeñó este mismo papel entre los clérigos de su época.

Como muchas obras del período colonial, la *Respuesta* es difícil de ubicar dentro de la división de géneros literarios (Ares Mones 667). Algunos ejemplos incluyen el *Diario* de Colón y la *Historia Verdadera de la Conquista* de Bernal Díaz del Castillo. La *Respuesta* es sin duda una carta, pero dentro de tal carta vemos una autobiografía. Se ha escrito que la carta es como una subespecie del género autobiográfico, junto al diario y también a la autobiografía formal (Bell 372). Y hay que recordar que es un género que muchas mujeres utilizan y a la vez, un género devaluado en relación al canon.

Al examinar la *Respuesta* es necesario contextualizarla; no se la puede entender sin hacerlo. Por ejemplo, hay que saber por qué la escribió, quién fue el receptor de ella y la relación de subordinación de Sor Juana con éste.

A finales de noviembre de 1690 se publicó en la ciudad de Puebla un folleto de "lóbrego título": *Carta atenagórica de la madre Juana Inés de la Cruz, religiosa profesa de velo y coro en el muy religioso convento de San Jerónimo... Que imprime y dedica a la misma Sor Philotea de la Cruz, su estudiosa aficionada en el convento de la Santísmia Trinidad de la Puebla de los Ángeles.*[10] La palabra "atenagórica" significa digna de la sabiduría de Atenea. Esta carta de Sor Juana es una crítica a un sermón del Mandato del jesuita portugués Antonio de Vieyra. Se llama sermón del Mandato el que se predica el Jueves Santo en la ceremonia del lavatorio. Los sermones y las cartas de Vieyra fueron publicados en español varias veces, pero el que criticó Sor Juana había sido pronunciado cuarenta años antes. Y como dice Octavio Paz: "No es menos extraordinario que su autor, desterrado en Brasil, no se haya enterado nunca de la crítica de Sor Juana" (511). Había una disquisición filosófica acerca de las finezas de Cristo y se discute cuál fue la mayor de ellas y Sor Juana rebate a Vieyra. Según Paz, esta obra está escrita en un lenguaje claro y directo; las frases no se alargan demasiado. Es una carta polémica y teológica. Está dirigida a un destinatario desconocido aunque, a juzgar por la forma respetuosa y deferente con que lo trata, de alto rango (512).

Sor Filotea admira tanto la crítica de Sor Juana al sermón de Vieyra, que la publica a su costo. Al mismo tiempo le amonesta su dedicación a las letras profanas y la reprende por no consagrarse a los "asuntos sagrados", o sea, a la teología (Scott "Sor Juana Inés de la Cruz: 'Let Your Women Keep Silence in the Churches...'" 305). Sor Juana escribe por mando la crítica y con la condición de que no se le dé publicidad; no obstante, acepta que se publique e incluso más tarde, en la *Respuesta* dice "que no sabe agradecerle tan sin medida de dar a la prensa mis borrones" (Méndez Plancarte *Poetas Novohispanos* 440). Todo esto nos hace volver a algunas de las preguntas iniciales: ¿quién era el destinatario de la *Carta* de Sor Juana y luego de la *Respuesta*?

Sor Filotea y el receptor de la *Carta* y de la *Respuesta* eran una sola y única persona, el obispo de Puebla, Manuel Fernández de Santa Cruz. Él también fue el autor de la *Aprobación* del escrito. Sólo el destinatario que tenía el alto rango del obispo podía publicarla. La amistad entre Sor Juana y el obispo era antigua. Ellos (y otros intelectuales y clérigos) formaban un grupo ligado por la amistad e intereses comunes. En esa época se nombró Francisco

Aguiar y Seijas como arzobispo de México, un hombre cuyas intemperancias debían haber irritado al obispo de Puebla y a sus amigos. El nombramiento de Aguiar y Seijas había sido obra de la Compañía de Jesús. En México los jesuitas no sólo dominaban la educación superior sino que, a través de este arzobispo misógino ejercían una influencia muy profunda en la Iglesia y el Estado. También, hay que recordar que Aguiar y Seijas era uno de los grandes admiradores de Vieyra. Según Paz, su amistad era tal que en 1675 y en 1678 se publicaron en Madrid dos volúmenes de traducciones de sermones de Vieyra, ambos dedicados a Aguiar y Seijas. No parece difícil deducir de todo esto que el personaje que podía sentirse afectado por la crítica de Sor Juana no era Vieyra, ausente y ajeno a todo, sino el arzobispo Aguiar y Seijas. Evidentemente, atacar a Vieyra era una crítica indirecta a Aguiar y Seijas (Sabat de Rivers "Sor Juana Inés de la Cruz" 282).

Para entender lo que queda del asunto hay que examinar la rivalidad entre Fernández de Santa Cruz y Aguiar y Seijas. El primero había llegado antes a México. El obispado de Puebla era el más importante de Nueva España, después del de México, y era natural que, a la salida de fray Payo, el obispo Fernández de Santa Cruz aspirase a ese puesto y también al de virrey. El otro aspirante al arzobispado de México era Aguiar y Seijas, en aquel entonces obispo de Michoacán. Paz nota que Santa Cruz "tenía mayor popularidad en Nueva España, su experiencia era más rica, de temperamento más moderado..." (525). Aguiar y Seijas gozaba del apoyo de los jesuitas y de otras autoridades del clero metropolitano. Tenía fama de sostener severos principios y gozaba de prestigio intelectual, como lo muestra la dedicatoria de Vieyra.

De acuerdo con el libro de Paz, se nombró a Fernández de Santa Cruz el arzobispo, "pero hubo alguna poderosa interferencia que hizo cambiar finalmente la decisión de Madrid a favor de Aguiar y Seijas" (Flynn *Sor Juana Inés de la Cruz* 101). Al repasar, la *Carta atenagórica* se advierte que más de una crítica a Vieyra era una verdadera crítica hacia Aguiar y Seijas. Peor todavía, la hace una mujer porque, según los historiadores, Aguiar y Seijas odiaba y despreciaba a las mujeres. La *Carta* fue publicada por el obispo de Puebla quien escribe además un prólogo (bajo el seudónimo de Sor Filotea). Pero al escribir ese prólogo tan ambivalente, en el que, por un lado, la alaba y por otro, la amonesta, Santa Cruz se transforma en el enemigo de ella. Es probable que en un principio haya entrado en el juego del obispo, contestando a un arzobispo totalmente misógino, con sus argumentos ("los de una mujer"), lo cual resulta bastante arriesgado.

Así, la reacción de Sor Juana fue su escrito *Respuesta a Sor Filotea* en marzo de 1691, la cual es su autodefensa (Flores 89).

La *Respuesta* puede organizarse de acuerdo con varios núcleos de significación: la omnipresencia de la Inquisición, una defensa de letras profanas, un aparato erudito, su autobiografía, y las mujeres, la mujer, yo mujer (Sabat de Rivers "Sor Juana Inés de la Cruz" 285).

Sor Juana declara que acercarse a la sabiduría fue acercarse al fuego de la persecución: "Una vez lo consiguieron con una prelada muy santa y muy cándida que creyó que el estudio era cosa de la Inquisición y me mandó que no estudiase" (Méndez Plancarte 458). Pero ella encuentra otra manera de estudiar—la observación.

Su propia defensa tiene un tono de alegato que es también la justificación de por qué no se dedica a los asuntos sagrados: "Si el crimen está en la Carta Atenagórica... Llevar una opinión contraria de Vieyra fue en mi atrevimiento, y ¿no lo fue en su Paternidad llevarla contra los tres Santos Padres de la Iglesia?"(468). Ella concluye diciendo que la libertad intelectual es la posibilidad de disentir con las opiniones del otro (469)[10].

El lenguaje de la *Respuesta* muestra la erudición de Sor Juana. Aunque se considera su uso y tal vez abuso de la erudición como un gesto natural de la época, ella la utiliza como confirmación ante los demás de que ella sí sabe. Ella ha estudiado las obras clásicas; muestra su conocimiento del latín. A continuación, sus referencias a las mujeres que habían demostrado sus habilidades intelectuales intentan hacer una justificación para ella (Schons 55). Resumiendo con la *Respuesta*, Sor Juana presenta un aparato erudito que utiliza para apoyar o justificar cada una de sus afirmaciones y que puede verse como núcleo independiente, porque repite en otro registro, lo mismo que la carta narra.

Además de que la carta de por sí la ubicaría dentro de la autobiografía, hay dentro de ella una autobiografía voluntaria; es decir ella está leyéndose a sí misma dentro del mundo; realiza una autobiografía intelectual (Scott "Respuesta a Sor Filotea: Espistolary Autobiography by Sor Juana Inés de la Cruz" 462). Es anecdótica. Vemos que aprendió a leer a los tres años, que ella se abstuvo comer queso porque decían que mermaba la inteligencia, que quiso vestirse de hombre para ir a la universidad, se cortaba el cabello y se imponía la disciplina de aprender tal o cual cosa (como latín) hasta que volviera a crecer tanto como se había cortado (445-446). El estudio está relacionado con su autobiografía. Sor Juana dice que quiere estudiar teología pero lo niega al decir que antes tiene que estudiar las disciplinas auxiliares. (447). ¿Cuándo llegaría a la teología? Según ella, nunca. El tipo de saber que busca Sor Juana es humanista, es decir, quiere estudiar y dedicarse a disciplinas engarzadas unas con otras:

> Y en fin, como el Libro que comprende todos los libros, y la Ciencia en que se incluyen todas las ciencias, para cuya inteligencia todas sirven; y después de saberlas todas (que ya se ve que no es fácil, ni aun posible) pide otra circunstancia más que todo lo dicho, que es una continua oración y pureza de la vida, para impetrar de Dios aquella purgación de ánimo e iluminación de mente que es menester para la inteligencia de cosas tan altas; y si eso falta, nada sirve de lo demás. (449)

Finalmente, Sor Juana dice que ella está dentro del dominio privado, que es una pobre mujer que tanto lee como mira freír un huevo, pero con esta actitud está cuestionando, atacando y amenazando uno de los puntales de la sociedad patriarcal (449-450). Esta declaración nos introduce en un punto clave de la literatura escrita por la mujer: hacer que lo privado sea lo público. La sociedad patriarcal delimita los campos de la mujer: lo privado es para la mujer y no puede salir de esto y lo público es para el hombre y la mujer no puede entrar. Además, Sor Juana discute la afirmación de San Pablo Apóstol: "Mulieres en Ecclesius taceant" ("que callen las mujeres en las iglesias"). Sor Juana escribe lo que ella piensa que su público quería decir (Scott "Sor Juana Inés de la Cruz..." 305).[12] De su parte Sor Juana acepta que las mujeres no hablen en los púlpitos y en lecturas públicas, pero defiende la enseñanza y el estudio privado.

Algo que aparece reiteradamente en la literatura feminista es esa lucha entre el centro y el margen; centro y periferia, algo que no es exclusivamente femenino sino que aparece en la literatura que no se escribe desde los centros del poder. En Sor Juana el enfrentamiento del margen versus el centro se complica en varios sentidos. Primero, ella escribe desde la colonia (o sea Hispanoamérica—la periferia). Aunque logra fama en España (la metrópoli), su obra se sitúa en esa tensión entre colonia y metrópoli. En 1680 se publicó el primer tomo de sus obras completas en España. Si muchas de sus afirmaciones se refieren al tópico de la falsa modestia es porque su obra ha conseguido lo que pocas han conseguido: ser conocida y respetada en España. Ella lo sabe y juega con esto. Segundo, la pugna entre el saber intelectual, científico (que tiene antecedentes del Renacimiento) y el saber teológico. El predominio de la compañía de Jesús y su política antirreformista hace más importante la aceptación del saber teológico que promueve la Iglesia más que la experimentación. Y finalmente, ser mujer cuando lo que está en el centro es la sociedad patriarcal. Esto es algo que ella rebate acudiendo a "la treta" de lo doméstico, de lo privado. Está entre la aceptación y el desafío. Josefina Ludmer escribe que "La treta...consiste en que, desde el lugar asignado y aceptado, se cambian no sólo el sentido de ese lugar sino el sentido mismo de lo que se instaura en él. Como si una madre o ama de casa dijera: "acepto mi lugar pero hago política o ciencia en tanto madre o ama de casa" (53).

Al principio Ludmer nota que hay varias marcas de la marginalidad en Sor Juana, o sea, desplazamientos hacia al centro: transgresiones, silencio final, triunfo del orden establecido; la devuelven a la situación periférica. La *Respuesta* es importante porque se sitúa en el momento de la agudización de todos estos conflictos y en el momento en que su pluma había alcanzado madurez y fuerza. No vemos aquí un problema señalado como recurrente en la mujer que escribe y que incluyen las preguntas: ¿Cómo apropiarse del discurso racional? o ¿cómo entrar en el mundo racional dominado por el hombre, en el "palacio del discurso racional" de Gubar y Gilbert (92)?

El problema de Sor Juana es que la dejan permanecer en él; ella reclama para sí el mundo racional como esfera propia con lo cual introduce una cuña, un desacomodamiento dentro de las concepciones biologistas acerca de la mujer (es decir, la mujer tiene que permanecer en el mundo de los instintos). La obra de Sor Juana y especialmente esta carta, aun hoy siguen en lucha con el canon, con una crítica literaria condescendiente o reduccionista (Perelmuter Pérez 342).

Después de escribir la *Respuesta*, Sor Juana tuvo que enfrentarse a las consecuencias. Ellas incluyeron un silencio total del obispo de Santa Cruz; evidentemente esperaba un mayor acatamiento y sumisión por parte de Sor Juana y cuando no los recibió, no le volvió a hablar. Además de esto, su confesor, el jesuita Antonio Núñez de Miranda, le retira sus servicios; se niega a verla. Ella abandona las letras, entrega todos sus libros, instrumentos musicales y de ciencia al arzobispo Aguiar y Seijas para que los venda y con el dinero haga limosnas. Ella decide llamar a su antiguo confesor, lo cual equivalía a una retracción. Se convierte en una penitente y muere a los 46 años durante una peste mientras cuida a sus hermanas. Paz ha escrito que "el acto de Sor Juana fue considerado por sus contemporáneos y después por muchos críticos como sublime. A mí me parece el gesto de una mujer aterrada, que pretende conjurar

# Clásicos de la Literatura Hispanoamericana

la adversidad con el sacrificio de los que más ama. La entrega de la biblioteca y de la colección de instrumentos y objetos fue una verdadera proposición destinada a aplacar el poder enemigo: Aguiar y Seijas" (555). Quizás Jean Franco lo resumió muy bien al decir:

> Potentially a threat to clerical power, the mystical nuns of New Spain ceded discursive space and did not trespass on male preserves such as the pulpit, the body politic, and publication. Sor Juana Inés de la Cruz, on the other hand, not only trespasses, at least symbolically, on clerical terrain but directly defied the clergy's feminization of ignorance. (23)

Sor Juana es, sin duda, una de las mujeres más importantes del movimiento feminista del mundo occidental. Por lo general, los críticos interpretan los años finales de Sor Juana como una derrota, como una evidencia de que finalmente calló. Claro está que la lucha para poder estudiar se acabó para y con ella. Después de la *Respuesta* no apareció ninguna "voz" tan alta como la suya en todo el mundo hispánico. Hubo que esperar hasta el siglo XIX para encontrar otras como ella (Flores 17). Pero las resonancias de sus palabras permanecen aun más en la lucha de hoy.

## CONCLUSIONES

Esta monografía sobre la literatura colonial hispanoamericana ha intentado reunir algunas de las voces más importantes durante los siglos XVI y XVII. Son aquellas que han ayudado a expresar algunas de las experiencias y las dificultades de la gente de Hispanoamérica para lograr su identidad nacional y artística. Presenta solamente una selección de los autores más significativos a través de los cuales se pueden apreciar los movimientos literarios de cada etapa.

### Encuentro, Conquista y el Primer Renacimiento (1492-1556)

A la literatura española de los años 1492-1556 se la suele considerar como un primer Renacimiento y se la caracteriza por sus importaciones de formas e ideas, especialmente desde Italia. Conquistadores y misioneros trajeron esa literatura al Nuevo Mundo. La trajeron en sus barcos y en sus cabezas—hasta vinieron escritores. Al ponerse a escribir en América, pues, los españoles siguieron las líneas culturales dominantes en España. Los hombres que llegaron al Nuevo Mundo estaban impulsados por las fuerzas espirituales del Renacimiento, pero sus cabezas tenían todavía marco medieval. Venían de España, donde el Renacimiento no abandonó el ligado medieval; venían del pueblo, lento en sus cambios, y aunque vinieran de las clases cultas, no eran contemplativos y creadores de belleza, sino hombres de acción. Sus crónicas penetran la realidad sin definirla, sin encerrarla. Crónicas sin arquitectura, fluidas, sueltas, complejas, libres, desproporcionadas, donde las anécdotas realistas andan por un lado y los símbolos cristianos por otro, como en una conversación humana. A pesar de su aparente medievalismo, sin embargo, los cronistas dieron a sus páginas una nueva clase de vitalidad, de emoción anticonvencional, sea porque espontáneamente y casi sin educación escribían lo que habían vivido o porque, por cultos que fueran, dejaron que las maravillas del mundo los exaltaran.

Frecuentemente Hernán Cortés se vio envuelto en disputas con la Corona y los soldados españoles. Sus *Cartas de Relación*, la primera redactada poco después de llegar a México, fueron prohibidas. La intención de Cortés al escribir estas cartas fue informar al emperador Carlos V sobre la conquista de México, y al

# Clásicos de la Literatura Hispanoamericana

mismo tiempo, obtener el reconocimiento y el prestigio de la Corona española por conquistar tan vasto y rico territorio. Cortés es muy cuidadoso al narrar las acciones y decisiones por él emprendidas, omitiendo las que lo pudieran poner en entredicho. No es por pereza literaria por lo que Cortés se confiesa incapaz de comunicar al rey las maravillas que ve: es, de veras, el sentimiento de que la realidad de México es mayor que los cuadros mentales que él había traído de España. Aun cuando pertenecen al género epistolar, las *Cartas de Relación* pueden inscribirse dentro de la Crónica de Indias por su calidad literaria.

A diferencia de Cortés, Bernal Díaz del Castillo escribió tiempo después de que la conquista había terminado, lo cual le permitió tener una visión más general y crítica. Era entonces regidor de la ciudad de Guatemala, tenía 80 años, estaba sordo y casi ciego. Como otros conquistadores, el propósito inicial de su crónica fue reivindicar su papel conquistador y ver recompensados sus esfuerzos por parte de la Corona española. Concluida su participación militar se dedicó a narrar acontecimientos memorables que, a través de la escritura, adquirieron sentido de permanencia. Le preocupó, además, hablar de lo que en verdad sucedió (según él) en la dominación del Imperio azteca (de ahí el título de *Historia Verdadera de la Conquista de la Nueva España*). Hay en él resentimiento hacia los cronistas, en especial hacia Francisco López de Gómara, que sin haber participado en la guerra había escrito crónicas con información de segunda mano. Sin duda, Bernal Díaz tuvo una memoria prodigiosa, pues sorprenden la exactitud relativa, abundancia y detalles de los datos que proporciona. Con un estilo sencillo, narra apasionadamente las acciones de los conquistadores e, incluso, critica al mismo Cortés. Al lograr esto Bernal escribe ficción. Para él, los verdaderos héroes fueron los soldados que, como humanos, también cometieron errores.

## Segundo Renacimiento y la Contrarreforma (1556-1598)

Si en las crónicas hemos notado rasgos medievales, hubo otras actividades que acentuaron lo renacentista. Actividades no siempre literarias, pero inspiradas en libros, reflejos de la *Utopía* de Thomas More. Entre 1556 y 1598 España se cierra sobre sí misma, se incorpora las formas poéticas antes importadas y busca fórmulas nacionales: es el período del segundo Renacimiento y de la Contrarreforma. Las obras de escritores como Alonso de Ercilla y Zúñiga y El Inca Garcilaso de la Vega—enriquecidas por la visión de dos mundos históricos—empiezan a revelarnos experiencias de una sociedad nueva que Europa no conocía: la sociedad de marco occidental pero con vivas tradiciones indígenas. Un nuevo grupo de autores produjo un nuevo grupo de crónicas. Algunas de ellas repitieron cosas ya escritas o, a lo más, añadieron noticias recientes a lo ya conocido; otras observaron por primera vez regiones últimamente conquistadas. Algunas crónicas son de pobre estilo, útiles sólo para el historiador; otras de alto vuelo. En general, hubo más conciencia artística, es decir, literatura; y, en efecto, algunas crónicas se incorporan a la mejor literatura de la época sea en verso (como la de Alonso de Ercilla) o sea en prosa (como la del Inca Garcilaso).

En *La Araucana* de Alonso de Ercilla de Zúñiga, se da cuenta de batallas, paisajes y cualidades de los protagonistas, como los distintos caciques por medio de una adjetivación abundante y certera. Mezcla además referencias mitológicas con observaciones personales y recuerdos, que, si bien restan rigor histórico al poema, le añaden vivacidad y dinamismo al relato. Ercilla no es sólo un poeta épico de las guerras de la conquista, también se le considera uno de los primeros cantores del Nuevo Mundo. En *La Araucana*, sustituye al héroe individual por un héroe colectivo, el pueblo araucano, verdadero protagonista del poema. Fue la primera obra en que el poeta aparece como actor de la epopeya que describe; por lo tanto, fue la primera que confirió dignidad épica a acontecimientos todavía en curso; fue la primera obra que inmortalizó con una epopeya la fundación de un país moderno; fue la primera de real calidad poética que versó sobre América; también fue la primera obra en que el autor, cogido en medio de un conflicto entre ideales de verdad e ideales de poesía, se lamenta de la pobreza del tema indígena y de la monotonía del tema guerrero y nos revela el íntimo proceso de su creación artística.

Los *Comentarios Reales* del Inca Garcilaso de la Vega muestra una conciencia perceptiva de transculturación. Como Garcilaso demuestra en el primer capítulo de su crónica, su obra fue un resultado del choque entre la cultura española que se basaba en la palabra escrita y la cultura incaica que se basaba en la tradición oral. Por eso decidió escribir la historia de los incas. Su conocimiento viene de sus conversaciones que tenía con su familia mientras era joven y ofrece una penetración maravillosa de la vida incaica, que de hecho hace que los comentarios no son solamente históricos sino autobiográficos. El tema de una guerra justa y la evangelización, o sea, el eje teórico de su obra, se hace patente en su obra literaria. Garcilaso consideró beneficiosas la conquista y la colonización. La historia es un regalo de la providencia. Los españoles, al "civilizar" a la gente indígena que habían encontrado, la habían preparado para una "civilización" más alta que los españoles traían siglos después. Fue la misma cosa que habían hecho los romanos—prepararon a los bárbaros para el advenimiento de la cristiandad. Tal vez Garcilaso sintiera un cierto fatalismo indígena pero su tristeza tenía mucho que ver con su concepción de la historia. No veía nada trágico en la historia; su desilusión no era negativa. Sabía descubrir el encanto de los destinos adversos.

## El Barroco (1598-1700)

A pesar de la decadencia política y económica nuevos bríos enriquecieron extraordinariamente la literatura española e hispanoamericana. En los primeros años del siglo XVII—con la obra genial de Cervantes y de Lope de Vega—se recorta el período de apogeo renacentista. Ambos comienzan a vivir en una época de esplendor y viven sus últimos años en la decadencia española. La crisis nacional se revela en un estilo, si no nuevo por lo menos ahora concentrado y dominante, al que se llama Barroco.

Nacidos durante el Concilio de Trento, o poco después, estos autores barrocos se encontraron en la cima de una gran literatura y, al mismo tiempo, asomados al vacío, pues España había dado espaldas a la cultura bullente, vital, del resto de Europa. Amargura, angustia, resentimiento, desengaño, miedo, pesimismo y al mismo tiempo orgullo patriótico; resignación a no vivir ni pensar al compás del mundo y, sin embargo, ganas de asombrar al mundo con un lenguaje de suma afectación. Se rompe así el equilibrio del alma, y la obra literaria, cuando no cultiva grotescamente lo feo de las cosas (como Mateo Alemán), se lanza hacia formas oscuras para los no iniciados, difíciles aun para los cultos.

Bernardo de Balbuena sintió la necesidad de inventar una expresión afectada, ornamental y aristocrática. Pero, aunque gongorizó a ratos, el barroco de Balbuena fue independiente; por lo menos corrió suelto, inclinándose ya hacia aquí, ya hacia allá, por la ancha pista estilística que a fines del siglo XVI y principios de XVII se abre en las letras españolas para lucimiento de virtuosos de la lengua. Porque éste es el descubrimiento de los barrocos: la lengua es un cuerpo soberano, que puede contorsionarse, saltar, inmovilizarse en un gesto enigmático, abrir de pronto los brazos para derramar metáforas y otra vez replegarse en un oscuro juego de conceptos, siempre adornado, siempre orgulloso de ser lengua vulgar. La tradición literaria clásica es lo que mueve a Balbuena, pero su vitalidad está en la filigrana. Le atrae lo irreal, lo inventado, lo artificioso. Describió la ciudad de México, pero dentro de un sueño, y conducido mágicamente por una ninfa. Praderas, colinas, bosques, cuevas y ríos pertenecen a una geografía ideal. Es una fuga en que el verso persigue la prosa y lo sobrenatural la naturaleza. El lenguaje de metáforas, mitologías, alegrías, ensueños e increíbles diálogos acaba por evadirse de la realidad, dejando apenas una estela de arte.

Ya los españoles contemporáneos advirtieron cierta extrañeza en las comedias de Ruiz de Alarcón; y los críticos han analizado después sus rasgos no típicos, no españoles de España. Tienen carácter colonial mexicano. A pesar de estar construidas a la manera de Lope de Vega, reflejan la originalidad de una sociedad nueva, menos vivaz y extrovertida que la metropolitana. Los personajes de Alarcón permanecen más en sus casas que en la calle; los duelos son evitables; hay un tono prudente, reservado, cortés (el indígena dio un matiz de sobriedad a la sociedad colonial); los graciosos no son tan chocarreros, acaso porque de los criados indígenas de México no se permitían las familiaridades de los criados de España. Para Pedro Henríquez Ureña, uno de los primeros estudiosos de la literatura mexicana, el teatro de Alarcón corresponde al espíritu mexicano por su mesura, su sobriedad, su cortesía y su sentimiento reprimido. Al escribir sus comedias dio más importancia a la introspección de los personajes que a una acción llena de incidentes y enredos; los personajes que concibió tienen tal fuerza psicológica que dan a sus obras teatrales una modernidad excepcional.

Juan del Valle Caviedes es uno de los satíricos más importantes de su época. Nació en Andalucía, llegó a Lima de joven y pasó su vida entre jugar por dinero y mujeres; eventualmente cayó en las manos de los médicos y contra sus médicos escribió redondillas, décimas y romances, en que no sólo cada epigrama, sino aun cada adjetivo, tiene un terrible poder agresivo. Los atacaba por su ignorancia, vicios y falsos prestigios. Sus versos de *Diente del Parnaso* no se publicaron ni en vida ni en los años inmediatos a su muerte mas se conocían bien. Escribió ensayos dramáticos de construcción alegórica. Esta vena cómica—con agudeza quevedesca—continuó por algún tiempo; pero se advierte que, en los últimos años, adquirió una actitud madura, reflexiva, y escribió sonetos y otras composiciones con emoción religiosa y tono de arrepentimiento y melancolía. No fue un vano imitador de los barrocos de España. Los conocía, y conocía los autores que los barrocos aprovechaban; pero tenía independencia intelectual, inspiración propia y un estilo conciso

# Clásicos de la Literatura Hispanoamericana

y chacotón. Su poesía—satírica tan bien como religiosa y lírica— es quizá la más innovadora del Perú colonial.

Carlos de Sigüenza y Góngora era poeta, matemático, historiador, cosmógrafo y astrónomo. Fue uno de los pocos espíritus científicos de su tiempo; destacó en medio del fanatismo y las supersticiones de sus contemporáneos. Personalidad ilustre porque, a pesar de ser un obediente católico, su curiosidad intelectual lo apartó del escolasticismo y le abrió los ojos a las ventajas de la razón y el experimento. En este sentido su *Libra Astonómica y Filosófica* es importante en la historia de las ideas en México: implica la voluntad de investigar verdades nuevas, en vez de apoyarse en la erudición de verdades autorizadas. Escribió, pues, sobre temas aliterarios: arqueología e historia, matemáticas y ciencias aplicadas, astronomía, geografía, etnografía. Sus virtudes narrativas se advierten mejor en los *Infortunios de Alonso Ramírez*, que tienen un movimiento vivaz de novela. Sigüenza y Góngora habla de las herejías de Francia y de Inglaterra: alejándose cada vez más de los centros creadores de Europa; España funda ahora su orgullo en ser católica. A causa de esta declinación cultural de los pueblos que hablan español es tan sorprendente la fuerza ascensional de Sor Juana.

La voz más viva, graciosa y entonada del período barroco hispanoamericano fue la de Sor Juana Inés de la Cruz. Es difícil estimarla, en parte porque el barroco es un estilo de difícil estimación; pero principalmente porque la fascinante vida de la monja mexicana no predispone a juzgar con simpatía cualquier cosa que escribiera. Toda la corte de México tuvo la seguridad de su genio; y también la Iglesia, que llegó a sobresaltarse por su fama. La obra poética de Sor Juana Inés de la Cruz es extensa y variada. Incursionó en distintas composiciones métricas, como romances, sonetos, silvas y décimas. En todas ellas demostró poseer un dominio maestro de los recursos poéticos. Por su tema o asunto, hay composiciones dedicadas a personajes políticos o religiosos; también hay poemas escritos para alguna celebración religiosa, como las fiestas de la Asunción, la Concepción o la Navidad. Finalmente los textos profanos, que sus editores clasificaron como filosófico-morales, histórico-mitológicos, satírico-burlescos y de amor y discreción. La obra teatral de Sor Juana es breve comparada con su producción poética. Escribió dos comedias, tres autos sacramentales, cinco loas y dos sainetes que muestran tanto sus dotes literarias como teatrales. En sus obras se ve la influencia de Calderón y algunos rasgos de Lope de Vega. Su excepcional inteligencia y su notoriedad literaria la hicieron acreedora a diversas controversias con encumbrados miembros de la Iglesia. En la *Repuesta a Sor Filotea de la Cruz*, especie de autobiografía intelectual escrita en prosa, expone, en su defensa, las tribulaciones de su vocación literaria dentro del convento y su incapacidad para dedicar su pluma a asuntos teológicos. Al final de su vida se vio conminada por su confesor a abjurar de sus tareas literarias para consagrarse plenamente a la vida religiosa. Abandonó sus estudios, vendió los cuatro mil volúmenes de su biblioteca y, retirada definitivamente de las letras, sufrió el contagio de una epidemia que azotó el convento. Murió en 1695, a los 46 años de edad.

Así que la conquista vasta de parte de los españoles en los siglos XV y XVI creó una literatura de carácter heroico. Los escritores escribieron la historia viva y ésta llegó a ser la *crónica*. También decidieron cantar las hazañas grandiosas y éstas llegaron a ser la *épica*. Estos dos géneros produjeron el comienzo de la literatura hispanoamericana. Generalmente los españoles, quienes participaron en la gran aventura, las compusieron a la española. Sin embargo pueden considerarse la *crónica* y la *épica* como verdaderamente hispanoamericanas porque los hispanoamericanos las escribieron. Se puede llamar a los cronistas "americanos" no porque nacieron en el Nuevo Mundo sino porque migraron a uno.

La vida y las letras coloniales fueron poco más que reflejos agravados de una España que había dado a las colonias un modelo hispánico. Esto fue notable en el campo de la literatura colonial. A pesar de que surgieron géneros diferentes, no se puede ver ningún americanismo dominante. Aunque los cronistas contaron escenas nativas y picarescas tan bien como la manera de la vida de los indígenas, los autores coloniales escribieron con el espíritu de los códigos españoles de caballería. Las mentes de los escritores fueron muy apartadas de las realidades de la vida, lo cual a veces hace que sus obras parecieran más ficción que historia. ¿Cómo pudo haber sido de otra manera? En un mundo poblado por héroes como Cortés y Pizarro, por emperadores como Moctezuma y Atahualpa, y un mundo habitado por monstruos increíbles de tierra y mar, y enriquecido por leyendas sobre El Dorado y la Fuente de la Juventud, el realismo literario no podía existir. Hasta los poemas más "históricos" como *La Araucana* están llenos de episodios imaginarios—Ercilla mismo explica que escribió por la noche lo que había logrado durante el día.

Esta huida de la realidad hacia la fantasía y la imitación paralela de las formas españolas se aumentaron a lo largo de tiempo. Las monjas y los frailes comenzaron a crear un mundo espiritual de su propia creación en el cual sumergieron la conciencia estatal de los

# Clásicos de la Literatura Hispanoamericana 137

indígenas. Hasta el florecimiento del Barroco de la vida intelectual marcó una evasión de las realidades feas. Hay que recordar que mientras los Peregrinos de Nueva Inglaterra alimentaban sus almas con la inspiración bíblica en el ambiente frígido de las casas donde se reunían, México y Perú tenían universidades espléndidas donde los eruditos competían por fama con los nombres más distinguidos del viejo continente. Astrónomos, matemáticos, filósofos y geógrafos pasaron de las universidades españolas a las colonias y desarrollaron nuevas escuelas de pensamiento y nuevas generaciones de eruditos en el Nuevo Mundo. Es significativo, entonces, que las figuras ilustres como Alarcón y Sor Juana nacieran en la Nueva España. Todo esto, sin embargo, es la mitad más brillante de la historia. En cambio, había el carácter despótico del conquistador que abrió un camino sangriento por el corazón del continente. Después de él llegó el encomendero que ayudó a escribir la "leyenda negra" de España. Algunos historiadores han intentado disminuir la verdad de las protestas del Padre de las Casas contra el abuso de la gente indígena, pero el récord de la crueldad y la opresión ya está claro. Los indígenas han dado un testimonio incontestable. La oposición contra los indígenas duró más de tres siglos y fue marcado por sublevaciones frecuentes contra las autoridades españolas.

Con este estado de asuntos, la decadencia rápida de la literatura colonial llega a ser comprensible. Es mejor pasar por el siglo XIX estéril, tanto en España como en las colonias, rápidamente. Solamente hay una nueva tendencia que vale la pena notar en esta sociedad que se derrumba desde adentro—los susurros de algo nuevo y radical de Francia. A pesar de los esfuerzos de la Inquisición colonial, algunos colonos hicieron contrabando las obras de los *philosphes*. Las ideas de Voltaire, Rousseau, Diderot y Montesquieu amenazaban el viejo y establecido orden de la sociedad. El impacto de sus teorías revolucionarias empezaron a llegar a un Nuevo Mundo que buscaba una nueva dirección después de siglos de control por una España rígida. Una nueva estrella aparecía en el horizonte hispanoamericano, y esta estrella iba a ser aun más brillante por la oscuridad que la había precedido.

# BIBLIOGRAFÍA

Abreu Gómez, E. "Los Graciosos en el Teatro de Ruiz de Alarcón". *Investigaciones lingüísticas* 3.4 (1935): 189-201.

Alegría, Fernando. *La Poesía Chilena, Orígenes y Desarrollo del Siglo XVI al XIX*. México: Fondo de Cultura Económico, 1954.

Alfay, Josef. *Poesías Varias de Grandes Ingenios Españoles*. Zaragoza: Institución "Fernando el Católico", 1946.

Alonso, Dámaso. *La Lengua Poética de Góngora*. Madrid: Consejo Superior de Investigaciones Científicos, 1935.

—. *Poesía Española, Ensayo de Métodos y Límites Estilísticos*. Madrid: Editorial Gredos, 1952.

Alvar, Manuel. "Bernal Díaz del Castillo". *Historia de la Literatura Hispanoamericana: Época Colonial Tomo I*. Coordinador Luis Íñigo Madrigal. Madrid: Cátedra, 1998. 127-134.

Anderson-Imbert, Enrique. *Historia de la Literatura Hispanoamericana. Tomo 1: La Colonia*. México y Buenos Aires: Fondo de Cultura Económica, 1961.

Anguiano, Armando. *Conquistados y Conquistadores*. México: Organización Editorial Novaro, S.A., 1973.

Ares Mones, José. "Sor Juana Inés de la Cruz y su Marco." *Cuadernos Hispanoamericanos: Revista Mensual de Cultura Hispánica* 243:49 (1970): 664-668.

Ariosto, Ludovico. *Orlando Furioso*. Milano: Ulrico Hoepli, 1954.

Arrom, José Juan. "Carlos de Sigüenza y Góngora (1645-1700)". *Writers of the Spanish Colonial Period*.

# Clásicos de la Literatura Hispanoamericana

Coordinadores David William Foster y Daniel
Altamiranda. Nueva York y Londres: Garland
Publishing, Inc., 1997. 253-276.

Astrana Marín, L. *La Ilustración Española y Americana.*
Madrid: Instituo "Miguel de Cervantes" del Consejo
Superior de Investigaciones Científicos, 1917.

Attendolo, M. D. *Intorno All'honore e Almodo di Indurte le Querele por Ogni Sorte D'ingiuria Alla Pace.* Venetia: Puccini, 1948.

Balbuena, Bernardo de. *La Grandeza Mexicana.* Coordinador J. Van Horne. Urbana: University of Illinois Studies in Language and Literature, 1930.

—. *La Grandeza Mexicana y Fragmentos del Siglo de Oro y El Bernardo.* México: UNAM, 1947.

—. *Poesía lírica.* Ciudad Real (España): Diputación Provincial de Ciudad Real, 2000.

—. *Siglo de Oro.* Madrid: Ibarra, 1821.

Bell, Steven. "Mexico". *Handbook of Latin American Literature.* Coordinador David William Foster. Nueva York y Londres: Garland Publishing, 1992. 357-442.

Benítez, Fernando. *La Ruta de Hernán Cortés.* México: Fondo de Cultura Económica, 1974.

Berler, Beatrice. *Conquest of Mexico.* San Antonio: Corona, 1988.

Bernal, Alvaro. "Los Primeros Registros acerca de Nuestra Otredad a Partir de Colón, Cortés y Bernal Díaz del Castillo: de la Conquista a Nuestra Realidad Actual Latinoamericana." *Círculo de Humanidades: Revista Apróximaciones al Pensamiento Complejo* 10.22-23 (2002): 97-108.

Boruchoff, David A. "Beyond Utopia and Paradise: Cortés, Bernal Díaz and the Rhetoric of Consecration". *Writers*

*of the Spanish Colonial Period.* Coordinadores David
William Foster y Daniel Altamiranda. Nueva York y
Londres: Garland Publishing, 1997. 118-158.

Bost, David H. "Histories of the Colonial Period: 1620-1700".
*Cambridge History of Latin American Literature Vol. I.*
Coordinadores González Echevarría y Pupo-Walker.
Cambridge: Cambridge UP, 1996. 143-190.

Brody, Robert. "Bernal's Strategies". *Writers of the Spanish
Colonial Period.* Coordinadores David William Foster y
Daniel Altamiranda. Nueva York y Londres: Garland
Publishing, 1997. 103-117.

Brooks. Francis J. "Motecuzoma Xocoyotl, Hernán Cortés,
and Bernal Díaz del Castillo: The Construction of an
Arrest." *Hispanic American Historical Review* 75.2
(1995): 149-162.

Buffum, Imbrie. *Studies in the Baroque from Montaigne to
Rotrou.* New Haven: Yale UP, 1957.

Calderón de la Barca, Pedro. *La Aurora en Copacabana.*
Coordinador A. Pagés Larraya. Buenos Aires: Librería
Hachette 1956: 176-77.

—. *El Mágico Prodigioso.* Madrid: Cátedra, 1985.

—. *El Médico de su Honra.* Madrid: Castalia, 1981.

—. *Obras Completas.* Coordinador Ángel Valbuena Briones.
Madrid: Aguilar, 1991.

—. *El Pintor de su Deshonra.* Madrid: Espasa-Calpe, 1976.

—. *El Príncipe Constante.* Coordinador Octavio Viader.
Barcelona: Éxito, 1951.

Carilla, Emilio. *Gongorismo en América.* México: UNAM,
1972.

—. *Quevedo (Entre dos Centenarios).* Tucumán: Univ.
Nacional de Tucumán, Instituto de Lengua y Literatura

Españolas, 1949.

—. "Sor Juana: Ciencia y Poesía." *Revista de Filología Española* 36:3-4 (1952): 287-307.

Carmen, Glen. "The Means and Ends of Empire in Hernán Cortés's *Cartas de Relación*". *Modern Language Studies* 27.3-4 (1998): 113-37.

Casalduero, Joaquín. "El Gracioso de El Anticristo". *Nueva Revista de Filología Hispánica* 8.2 (1954): 307-315.

Casanova, Wilfredo. "*La Araucana*: Epopeya de las Manos". *Bulletin Hispanique* 95.1 (1993): 99-117.

Cascardi, Anthony J. "Bernal Díaz' *History of the Conquest of Mexico*". *Writers of the Spanish Colonial Period*. Coordinadores David William Foster y Daniel Altamiranda. Nueva York y Londres: Garland Publishing, 1997. 87-102.

Castelvetro, Lodovico. *Poética d'Aristotele Volgarizzata*. Roma: G. Laterza, 1949.

Castro, Américo. "Las Complicaciones del Arte Barroco". *Tierra Firme* 3 (1935): 162-70.

Castro Leal, A. Coordinador. "Juan Ruiz de Alarcón". *Cuadernos Americanos*. México: Fondo de Cultura Económico, 1943.

Castro y Calvo, J.M. "El Resentimiento de la Moral en el Teatro de don Juan Ruiz de Alarcón". *Revista de Filología Española* 26.2 (1942): 282-297.

Cerwin, Herbert. *Bernal Díaz, Historian of the Conquest*. Norman: University of Oklahoma Press, 1963.

Chang-Rodríguez, Raquel. "Garcilaso de la Vega Inca y Felipe Guamán Poma de Ayala". *Writers of the Spanish Colonial Period*. Coordinadores David William Foster y Daniel Altamiranda. Nueva York y Londres: Garland Publishing, 1997.

Clendinnen, Inga. "Cortés, Signs, and the Conquest of Mexico", *The Transmission of Culture in Early Modern Europe*. Anthony Grafton y Ann Blair Coordinadores. Philadelphia: University of Pennsylvania Press, 1990: 87-130.

Concha, Jaime. "Juan Ruiz de Alarcón". *Historia de la Literatura Hispanoamericana: Época Colonial, Tomo I*. Coordinador Luis Íñigo Madrigal. Madrid: Cátedra, 1998. 353-365.

Cornejo Polar, Antonio. *Escribir en el aire: ensayo sobre la heterogeneidad socio-cultural en las literaturas andinas*. Lima: Editorial horizonte, 1994.

Correa, Gustavo. "El Doble Aspecto de la Honra en el Teatro del Siglo XVII". *Hispanic Review* 26 (1958): 34-47.

Cortázar, Alejandro. "El Inca Garcilaso de la Vega y una (su) Huella Ambigua de Aculturación". *Cuadernos Americanos* 17.6 (2003): 137-43.

Cortés, Hernán. *Cartas de Relación*. México: Porrúa, 1967.

Cortínez, Verónica. *Memoria Original de Bernal Díaz del Castillo*. México: Oak, 2000.

Croce, Benedetto. *Saggi Sulla Letteratura Italiana del Seicento*. Milano: U. Mursia, 1911.

Cunninghame Graham, R.B. *Life of Bernal Díaz del Castillo*. London: Eveleigh Nash, 1915.

Curtius, Robert Ernest. "Mittelalterlicher und Barocker Dichtungsstil". *Modern Philology*. 38. 2 (1941): 325-333.

Cysarz, Herbert. "Vom Geist des Deutschen Literatur-Barocks". *Deutsche vierteljahrsschrift für Literaturwissenschaft und Geistesgeschichte* 2 (1923): 243-268.

Díaz, Nicolás. *Tratado del Juicio Final é Universal*. Lisboa: Livros Horizonte, 1943.

Díaz del Castillo, Bernal. *Historia Verdadera de la Conquista de la Nueva España*. Coordinador Ramírez Cabañas. México: Espasa-Calpe, 1950.

Díaz-Plaja, Guillermo. *Introducción al Estudio del Romanticismo Español*. Madrid: Espasa-Calpe, 1936.

Ducamin, Jean. *L'Araucana, Poème Épique*. Paris: Garnier Frères, 1900.

Durán, Manuel. "Bernal Díaz del Castillo: Crónica, Historia, Mito". *Hispania* 75.4 (1992): 795-804.

Durand, José, *Nueva Revista de Filología Hispánica* 3 (1948): 239-64.

Ercilla y Zúñiga, Alonso de. *La Araucana*. Santiago de Chile: Andrés Bello, 1982.

—. *La Araucana*. Coordinador König, Abraham. Santiago de Chile: Cervantes, 1888.

Espinosa Medrano, Juan de. *Apologético en Favor de don Luis de Góngora, Príncipe de los Poetas Líricos de España contra Manuel de Faria y Sousa, Caballero Portugués*. Lima: Academia Peruana de la Lengua, 2005.

Fernández-Guerra y Orbe, Luis. *Don Juan Ruiz de Alarcón y Mendoza*. México: Gobierno del Estado de Guerrero, 1988.

Flores, Ángel and Kate Flores. *The Defiant Muse*. New York: The Feminist Press, 1986.

Flyn, Gerard Cox. *Sor Juana Inés de la Cruz*. New York: Twayne Publishers, 1971.

—. "The *Primero Sueño* de Sor Juana Inés de la Cruz: A Revision of the Criticism." *Revista Interamericana de*

*Bibliografía/Inter-American Review of Bibliography* 5 (1965): 355-359.

Franco, Jean. *Plotting Women*. New York: Columbia Press, 1989.

García, Hugo. "Los Elementos Visuales en *La Grandeza Mexicana* de Bernardo de Balbuena." *Selected Proceedings of the Pennsylvania Foreign Language Conference*. 2003: 55-62.

García Chávez, Francisco. *Sor Juana Inés de la Cruz: Vida y Obra*. México: Editores Mexicanos Unidos, 1976.

Gates, Eunice Joiner. "Reminiscences of Góngora in the Works of Sor Juana Inés de la Cruz." *Publications of the Modern Language Association of America* 59 (1939): 1041-1058.

Gerdes, Dick. "Peru". *Handbook of Latin American Literature*. Coordinador David William Foster. Nueva York y Londres: Garland Publishing, 1992. 493-554.

Glantz, Margo. *Borrones y Borradores: Reflexiones sobre el Ejercicio de la Escritura (Ensayo de Literatura Colonial, de Bernal Díaz del Castillo a Sor Juana)*. México D.F.: Coordinación de Difusión Cultural (UNAM); Ediciones del Equilibrista, 1992.

—. "Ciudad y Escritura: La Ciudad de México en las *Cartas de Relación*." *Hispamérica: Revista de Literatura Hispanoamericana* Aug-Dec.: 19(55-57) (1990): 165-74.

González, Alfonso. "Aspectos Poéticos, Autobiográficos y de Forma Autoconsciente en *Siglo de Oro* de Bernardo de Balbuena". *Actas X Congreso de la Asociación de Hispanistas, I-IV*. Coordiandor Antonio Vilanova. Barcelona: Promociones y Pubs. Universitarisas, 1992.

González Echevarría. Roberto. "A Brief History of Spanish American Literature". *Cambridge History of Latin American Literature Tomo 1*. Coordinadores Roberto González Echevarría y Enrique Pupo-Walker.

Cambridge: Cambridge UP, 1996. 7-32.

Green, Otis H. "Juan Ruiz de Alarcón and the Topos 'Homo Deformis et Pravus'". *Hispanic Studies* 33.4 (1956): 99-103.

Gubar, Susan y Sandra M. Gilbert. *Madwoman in the Attic: The Woman Writer and the Nineteenth-Century Literary Imagination.* New Haven: Yale UP, 1979.

Guerrero, Gustavo. "Ensayos Generales sobre el Barroco". *Vuelta* 13.147 (1989): 42-45.

Hankamer, Paul. *Epochen der Deutschen Literatur.* Stuttgart: J.B. Metzler, 1935.

Hatzfeld, Helmut. "El Predominio del Espíritu Español en las Literaturas del Siglo XVII". *Revista de Filología Hispánica* 3 (1941): 9-23.

Henríquez Ureña, Pedro. *Seis Ensayos en Busca de Nuestra Expresión.* Managua: Editorial Nueva Nicaragua, 1996.

Hernández, Sánchez-Barba, Mario. *Historia y Literatura en Hispano-américa (1492-1820).* Madrid: Castalia, 1978.

Hesse, Everett. "Calderón's Popularity in the Spanish Indies". *Hispanic Review* 23 (1955): 12-27.

Highet, Gilbert. "Classical Echoes in *La Araucana*". *Modern Language Notes* 62.5 (1947): 329-31.

Iglesia, Ramón. "Introducción al Estudio de Bernal Díaz del Castillo y de su *Historia Verdadera*". *Filosofía y Letras.* México, D.F.: Nueva Mundo, 1941. 127-140.

Íñigo Madrigal, Luis (Coordinador), *Historia de la Literatura Hispanoamericana: Época Colonial Tomo I.* Madrid: Ediciones Cátedra, 1998.

Jara, René. "Chile". *Handbook of Latin American Literature.* Coordinador David William Foster. Nueva York y Londres: Garland Publishing, 1992. 123-178.

— y Nicholas Spadaccini, Coordinadores. *Silence and Writing: The History of the Conquest 1492-1992: Re/Discovering Colonial Writing.* Minneapolis: University of Minnesota Press, 1989.

Jiménez, Juan Ramón. *Eternidades.* Madrid: A. de Ángel Alcoy, 1918.

Jiménez Rueda, Julio. *Juan Ruiz de Alarcón y su Tiempo.* México: Fondo de Cultura Económico, 1939.

Kayser, Wolfgang. *Interpretación y Análisis de la Obra Literaria.* Madrid: Editorial Gredos, 1954.

Kennedy, Ruth Lee. "Contemporary Satire Against Ruiz de Alarcón as over". *Hispanic Review* 13.2 (1945): 145-165.

Kolb, Glen L. *Juan del Valle y Caviedes: A Study of the Life, Times and Poetry of a Spanish Colonial Satirist.* Stonington, CT: Stonington Publishing Company, Inc., 1959.

Lavalle, Bernard. "El Inca Garcilaso de la Vega". *Historia de la Literatura Hispanoamericana: Época Colonial Tomo I.* Coordinador Luis Íñigo Madrigal. Madrid: Cátedra, 1998. 135-43.

Leonard, Irving A. *Baroque Times in Old Mexico: Seventeenth-Century Persons, Places, and Practices.* Ann Arbor: University of Michigan, 1959.

—. *Don Carlos de Sigüenza y Góngora: A Mexican Savant of the Seventeenth Century.* Berkeley: University of California Press, 1929.

—. *Los Libros del Conquistador.* México: Fondo de Cultura Económica., 1955.

Lerner, Isaías. "América y la Poesía Épica Áurea: la Versión de Ercilla". *Writers of the Spanish Colonial Period.* Coordinadores David William Foster and Daniel Altamiranda. Nueva York y Londres: Garland

Publishing, 1997. 219-234.

Lienhand, Martin. "La crónica mestiza en México y el Perú hasta 1620; apunte, para su estudio histórico literario". *Revista de crítica literaria latinoamericana* 17 (1983): 105-115.

Lohman Villena, G. *Dos Documentos Inéditos sobre don Juan del Valle Caviedes. Revista Histórica del Perú*, 1937.

—. "Un Poeta Virreinal del Perú: Juan del Valle Caviedes". *Revista de Indias* 1.8 (1948): 771-794.

Luciani, Frederick. "Juan del Valle y Caviedes: *El Amor Médico*. Writers of the Spanish Colonial Period. Coordinadores David William Foster y Daniel Altamiranda. Nueva York y Londres: Garland Publishing, Inc., 1997. 381-392.

—. "Spanish American Theatre of the Colonial Period". *Cambridge History of Latin American Literature Vol. 1.* Cambridge: Cambridge UP, 1996. 260-85.

Ludmer, Josefina. "Tretas del débil." *La Sartén por el Mango*. Coordinador Patricia González. San Juan: Ediciones Huracán, 1984. 47-62.

Madariaga, Salvador de. *Hernán Cortés: Conqueror of Mexico.* Chicago: Henry Regnery, 1955.

Mark, James. "The Uses of the Term Baroque". *Modern Language Review* 33 (1938): 547-563.

Martínez, José Luis. "Figura y Caracter de Cortés". *Vuelta* Oct. 13(15) (1989): 32-40.

Martínez de la Rosa, F. *Poesía Hispanoamericana.* México: Fondo de Cultura Económica, 1961.

McCaw, John R. "Playing Doctor: Satire, Laughter and Spiritual Transformation in Valle y Caviedes's *Diente del Parnaso*". *Caliope: Journal of the Society for*

Renaissance and Baroque Hispanic Poetry 3.2 (1997):
86-96.

Melczer, William. "Ercilla's Divided Heroic Vision: A Re-Evaluation of the Epic hero in *La Araucana*". *Hispania* 56.1 (1973): 216-21.

Menéndez Pidal, Ramón. "Lope de Vega: el Arte Nuevo y la Nueva Biografía". *Revista de Filología Española* 22.4 (1935): 337-398.

Méndez Plancarte, Alfonso y Alberto G. Salceda. Coordinadores. *Obras Completas de Sor Juana Inés de la Cruz*. México: Fondo de Cultura, 1951.

—. *Poetas Novohispanos*. México: Universidad Nacional Autónoma de México, 1964. 2 vols. Balbuena V-LXV Tomo I; VII-LXIX S y Góngora y Sor Juana Tomo 2, 1944.

Menéndez y Pelayo, Marcelino. *Historia de la Poesía Hispanoamericana*. Santander: S.A. Artes Gráficas, 1948.

Merrim, Stephanie. "The Apprehension of the New in Nature and Culture: Fernández de Oviedo's *Sumario*.*492-1992: Re/Discovering Colonial Writing*. Coordinadores René Jara y Nicholas Spadaccini. Minneapolis y Oxford: University of Minnesota Press, 1989. 165-200.

—. "The First Fifty Years of Hispanic New World Historiography: The Caribbean, Mexico and Central America", *Cambridge History of Latin American Literature Vol. I*. Cambridge: Cambridge UP, 1996. 58-100.

—. "Towards a Feminist Reading of Sor Juana Inés de la Cruz: Past, Present, and Future Directions in Sor Juana Criticism." *Feminist Perspectives on Sor Juana Inés de la Cruz*. Detroit: Wayne State UP, 1991. 11-37.

Mignolo, Walter. "Cartas, Crónicas y Relaciones del Descubrimiento y la Conquista", *Historia de la*

# Clásicos de la Literatura Hispanoamericana

*Literatura Hispanoamericana: Época Colonial Vol. 1.*
Madrid: Cátedra, 1982. 57-116.

Millares, Agustín. Coordinador. *Obras Completas de Juan Ruiz de Alarcón.* México: Fondo de Cultura Económica, 1959.

Mizhari, Irene. "El Maquiavelismo Renacentista en las *Cartas de Relación* de Hernán Cortés". *Dactylus* 12 (1993): 98-115.

Molina. Tirso de. *El Amor Médico.* Madrid: Mercaderes de libros, 1972.

Morel-Fatio, A. "Arte Nuevo". *Bulletin Hispanique* 3.1 (1953): 365-405.

Moreno Báez, Enrique. "El providencialismo del Inca Garcilaso" *Estudios Americanos* 8:35-6 (1954): 143-154.

Müller, Günther. *Deutsche Dichtung von der Renaissance bis zum Ausgang des Barock.* Potsdam: Wildpark, 1927.

Murray, James C. *Spanish Chronicles of the Indies: The Sixteenth Century.* Boston: Twayne, 1994. Cortés 63-73; Bernal 74-77.

Nadler, Joseph. *Literaturgeschichte der Deutschen Stamme und Landschaften.* Berlin: Regenburg, 1918.

Odriozola, Manuel de. *Documentos Literarios del Perú.* Vol. V, Lima, 1873.

Ortega, Julio. "Garcilaso y el Modelo de la Nueva Cultura". *Writers of the Spanish Colonial Period.* Coordinadores David William Foster and Daniel Altamiranda. Nueva York y Londres: Garland Publishing, 1997.

Parkes, Henry. *A History of Mexico.* Boston: Houghton Mifflin Col, 1960.

Paz, Octavio. *Sor Juana Inés de la Cruz o las Trampas de la Fe.* México D.F.: Fondo de Cultura, 1982.

Peña, Margarita. "Epic Poetry". *Cambridge History of Latin American Literature Vol. I*. Coordinadores Roberto González Echevarría y Enrique Pupo-Walker. Cambridge: Cambridge UP, 1996. 231-259.

Perelmuter Pérez, Rosa. "La Estructura Retórica de la Respuesta a Sor Filotea". *Writers of the Spanish Colonial Period*. Coordinadores David William Foster y Daniel Altamiranda. Nueva York y Londres: Garland Publishing, Inc., 1997. 331-42.

Pérez de Montalbán, Juan. *Para Todos: Ejemplos Morales, Humanos y Divinos*. Sevilla: Librería de Gómez, 1736.

Pfandl, Ludwig. *Sor Juana Inés de la Cruz: la Décima Musa de México*. México: Universidad Nacional Autónoma Metropolitana, 1963.

Picón Salas, Mariano. *De la Conquista a la Independencia. Tres Siglos de Historia Cultural Hispanoamericana*. México: Fondo de Cultura Económica, 1950.

Pierce, Frank. "*El Bernardo* of Balbuena: A Baroque Fantasy". *Hispanic Review* 5.13 (1945): 1-23.

—. *Heroic Poem of the Spanish Golden Age*. New York: Doubleday, 1947.

Porras Barrenechea, Raúl. *El Inca Garcilaso en Montilla, 1561-1614*. Lima: Editorial San Marcos, 1955.

Prescott. William H. *History of the Conquest of Mexico*. New York: Modern Libraries, Random House, 2001.

Puccini, Dario. "Los *Villancios* de Sor Juana Inés de la Cruz." *Cuadernos Americanos* 24:142 (1965): 223-252.

Quintana, M.J. *Sobre la Poesía Épica Castellana*. México: Fondo de Cultura Económico, 1957.

Rama, Ángel. *Transculturación narrativa en América Latina*. Ciudad de México: siglo XXI editores, S.A., 1982.

Reedy, Daniel R. "Juan del Valle Caviedes". *Historia de la Literatura Hispanoamericana: Época Colonial Tomo I.* Coordinador Luis Íñigo Madrigal. Madrid: Cátedra, 1998. 295-300.

—. Signs and Symbols of Doctors in the *Diente del Parnaso. Hispania,* 48.1 (1964): 705-710.

—. *The Poetic Art of Juan del Valle Caviedes.* Chapel Hill: Univ. of North Carolina Press, 1964.

Rennert. H.A. *Spanish Pastoral Romances.* Philadelphia: Tristam, 1912.

Reyes, Alfonso. *Teatro de Ruiz de Alarcón.* Madrid: Cultura Hispánica, 1918.

Riva Agüero, José de la. *Examen de la Primera Parte de los Comentarios Reales de Garcilaso de la Vega.* Lima: La Opinión Nacional, 1908.

Rodilla León, María José. *Lo Maravilloso Medieval en el Bernardo de Balbuena.* México: Universidad Nacional Autónoma de México, 1999.

Rodríguez Marín, F. "Juan Ruiz de Alarcón, que tal vez Anduvo y Residió en Sevilla, sin el don que Luego Agregó a su Nombre". *Nuevos Datos* 6.9 (1958): 2-14.

Roggiano, Alfredo A. "Bernardo de Balbuena". *Historia de la Literatura Hispanoamericana: Época colonial Tomo I.* Coordinador Luis Íñigo Madrigal. Madrid: Cátedra, 1998. 215-224.

Rojas Garcidueñas, José. *Bernardo de Balbuena.* México: UNAM, 1982.

Ross, Kathleen. "Historians of the Conquest and Colonization of the New World: 1550-1620", *Cambridge History of Latin American Literature Vol. 1.* Cambridge: Cambridge UP, 1996. 101-90.

Ruiz de Alarcón y Mendoza, Juan. *Primera Parte de las Comedias*. Madrid: M. Rivadeneyra, 1857.

Sabat de Rivers, Georgina. *El "Sueño" de Sor Juana Inés de la Cruz: Tradiciones Literarias y Originalidad*. London: Tamesis, 1976.

—. "Sor Juana Inés de la Cruz." *Historia de la Literatura Hispanoamericana. Tomo I: Época Colonial*. Coordinador Luis Íñigo Madrigal. Madrid: Ediciones Cátedra, 1982. 275-293.

Salinas, Pedro. "En Busca de Juana de Asbaje." *Revista Lyceum* 8:32 (1952): 89-105

Sánchez, Luis Alberto. *Los Poetas de la Colonia*. Lima: Impr. Torres Aguirre, 1921.

—. "Un Villón criollo". *Atenea*. Santiago: Ercilla, 1958. 132-143.

Sánchez Escribano, Antonio y D. H. Roaten. *Wölfflin's Principles in Spanish Drama: 1500-1700*. New York: Doubleday, 1952.

Schons, Dorothy. "Some Obscure Points in the Life of Sor Juana Inés de la Cruz." *Feminist Perspectives on Sor Juana Inés de la Cruz*. Coordinador Stephanie Merrim. Detroit: Wayne State UP, 1991. 38-60.

Scott, Nina M. "Respuesta a Sor Filotea: Epistolary Autobiography by Sor Juana Inés de la Cruz". *Encyclopedia of Latin American Literature*. Coordinador Verity Smith. Londres: Fitzroy Dearborn, 1997. 462-63.

—. "Sor Juana Inés de la Cruz: 'Let Your Women Keep Silence in the Churches...'". *Writers of the Spanish Colonial Period*. Coordinadores David William Foster y Daniel Altamiranda. Nueva York y Londres: Garland Publishing, Inc. 299-308.

Sibirsky, Saul. "La Obra Teatral de Sor Juana Inés de la Cruz." *Romance Notes* 7 (1965): 21-24.

Sigüenza y Góngora, Carlos de. *Triunfo Parténico.* Coordinador J.Rojas Garcidueñas. México: Ediciones Xochitl, 1945.

Silverman, J.H. "El Gracioso de Juan Ruiz de Alarcón y el Concepto de la Figura del Donaire Tradicional". *Hispania* 35.4 (1952): 64-69.

Sotomayor, Arturo. *Cortés según Cortés.* México: Extemporáneos, S.A., 1979.

Torres, Daniel. "De la Utopía Poética en *Grandeza Mexicana* de Bernardo de Balbuena". *Caliope: Journal of the Society for Renaissance and Baroque Hispanic Poetry* 4.1-2 (1998): 86-93.

—. "*Diente del Parnaso* de Caviedes: De la Sátira Social a la Literaria". *Mester* 18.2 (1980): 115-121.

Valbuena Briones, Ángel. *Ensayo sobre la Obra de Calderón.* Madrid: Aguilar, 1958.

—. *Historia de la Literatura Española.* Madrid: Aguilar, 1991.

Valbuena Prat, Ángel. *Historia de la Literatura Española e Hispanoamericana.* Barcelona: Editorial Juventud, 1969.

Van Horne, John. *Bernardo de Balbuena: Biografía y Crítica.* Guadalajara: UNG, 1940.

—. "*El Bernardo* of Bernardo de Balbuena: A Study of the Poem with Particular Attention to its Relation to the Epics of Boiardo and Ariosto and its Significance in the Spanish Renaissance". *University of Illinois Studies of Language and Literature* 12.1 (1927): 34-42.

Vargas Ugarte, Rubén. *Obras de don Juan del Valle y Caviedes.* Lima:Lumen, 1947.

Varner, John Grier. *El Inca: the Life and Times of Garcilaso de la Vega*. Austin: UT Press, 1968.

Vega, El Inca Garcilaso de la. *Comentarios Reales*. Buenos Aires: Espasa-Calpe, 1946.

—. *Comedia del Perro del Hortelano* Coordinador Eugène Kohler. París: Societé d'Édition Les Belles Lettres, 1951.

Vega, Lope de. *Castigo sin Venganza*. Madrid: Espasa-Calpe, 1987.

—. *Comendadores de Córdoba*. La Paz, Bolivia: Urquizo, 1985.

—. *La Corona Merecida*. Coordinador J.F Montesinos. Madrid: Gernando Correa Montenegro, 1923.

—. *El Villano en su Rincón*. Barcelona: Teide, 1961.

Vidal, Hernán. *Socio-Historia de la Literatura Colonial Hispanoamericana: Tres Lecturas Orgánicas*. Minneapolis: Institute for the Study of Ideologies and Literature, 1985.

Vidarre, Carmen. "Acercamiento Sociocrítico a la 'Segunda carta de relación' de Hernán Cortés." *Texto-Crítico* July-Dec.: 2-3 (1996): 23-45.

Viëtor, Karl. "Vom Stil und Geist der Deutschen Barockdichtung". *Germanischromanishche Monatsschrift* 14 (1926): 145-184.

Vossler, Karl. *Sitzungsberichte der Bayerischen Akademie der Wisenschaften*. München: Hans Schmidt, 1934.

Walzel, Oscar. "Shakespeare Dramatische Baukunst". *Jahrbuch der Shakespeare-Gesellschaft* 52 (1916): 3-35.

Weisbach, Werner. *Der Barock als Kunst der Gegenrefromation*. Berlin: Propylaen-Verlag, 1921.

Wellek, René. "The Concept of Baroque in Literary Scholarship". *Journal of Aesthetics and Art Criticism* 5.2 (1946): 77-109.

Wentzlaff Eggebert, Christian. "*La Araucana* como Poema Épico". *Estudios de Literatura Española y Francesa: Siglos XVI y XVII: Homenaje a Horst Baader*. Coordinador Frauke Gewecke. Barcelona: Hogar del Libro, 1984. 43-62.

Wölfflin, Enrique. *Conceptos Fundamentales de la Historia del Arte*. Madrid: Espasa-Calpe, 1952.

Xammar, L.F. "La Poesía de Juan del Valle Caviedes en el Perú Colonial". *Revista Iberoamericana* 1.12, (1947): 75-91.

Zamora, Margarita. "Language and Authority in the *Comentarios Reales*". *Writers of the Spanish Colonial Period*. Coordinadores David William Foster y Daniel Altamiranda. Nueva York y Londres: Garland Publishing, 1997. 170-183.

—. *Language, Authority, and Indigenous History in the Comentarios Reales de los Incas*. Cambridge: Cambridge UP, 1988.

## NOTAS

1 En relación con la evangelización, la imposición de una nueva religión significó un proceso difícil de asimilar para los indígenas, quienes se vieron sometidos a un orden social desconocido que había puesto fin a su mundo. Debido a la fuerza y al arraigo de su cultura, lograron conservar parte de sus tradiciones, vigentes hasta nuestros días.

2 Gobernador de Cuba y fundador de La Habana, entre otras ciudades, que en 1519 le comisionó la exploración de México a Cortés pero sin darle permiso de conquista.

3 Walter Mignolo nos recuerda que "...las cartas relatorias de Cortés dan cuenta, lo sabemos, de los episodios fundamentales en la conquista de la región, llamada por el propio Cortés, Nueva España" (*Historia de la literatura hispanoamericana: Época colonial* 65).

4 El encomendero era el recipiente de una encomienda, una asignación por decreto Real de tierras que iban a ser explotadas, algo parecido al estado feudal.

5 Nunca se ha encontrado esta carta y queda como palimpsesto.

6 Cortés fue a la costa para derrotar a Narváez (enviado por Fonseca, un alto oficial) porque Narváez empezaba a propagar rumores de que Cortés era traidor. Al salir de Tenochtitlán, la influencia española no era tan fuerte. Hubo una rebelión de los aztecas (la Noche Triste); Cortés perdió control temporal de Tenochtitlán.

7 La segunda y tercera cartas fueron traducidas al latín y al francés. Posteriormente se publicaron un sinnúmero de ediciones y traducciones que leyó ávidamente el mundo culto europeo.

8 Véase "Amazona, libros y conquistadores: México" de Irving A. Leonard (*Los libros del conquistador* 45-67).

9 La crónica de Bernal Díaz es una narración espontánea, escrita en lenguaje coloquial, sin pretensiones, que refleja el modo de hablar común de la época. Es un relato en el cual el autor hace gala de extraordinaria memoria y de una asombrosa capacidad para describir con precisión y sencillez la sucesión de hechos acaecidos durante la Conquista. La crónica de Bernal nos presenta un enfoque humano de las personas que intervinieron en ella, tanto españoles como indígenas.

10 En la "Probanza de méritos y servicios de Bernal Díaz del Castillo", promovido en 7 de septiembre de 1539, entre las preguntas que se hacen a los testigos, la número XIX comienza así: "Item, si saben que el dicho Bernal Díaz es persona honrada y de muy buena fama y conversación" (Díaz del Castillo; Coordinador Ramírez Cabañas 317).

11 He aquí algún ejemplo: "Y murió Morón entonces...porque no me acuerdo verle más". (Díaz del Castillo 214); otro: "Acuérdome que entonces le dijo un soldado..." (241)

12 El título es "Como el licenciado Alonso de Zuazo venía en una carabela a la Nueva España y dió en unas isletas que llaman Las Víboras y lo que más le aconteció".

13 "...y con el unto de un indio gordo de los que allí matamos, que se abrió, se curaron los heridos, que aceite no lo había". (Díaz del Castillo 238)

14 Véase el capítulo CCX, que trata "De otras cosas y provechos que se han seguido de nuestras ilustres conquistas y trabajos". (Díaz del Castillo 248)

15 Frases como "Bien tengo entendido que los curiosos lectores se hartarán de ver cada día tantos combates, y no se puede menos hacer, porque...". (Díaz del Castillo 255)

16 De Hernán Cortés nos dice que "era de afable condición con todos sus capitanes y compañeros", un tanto mujeriego y celoso y "era algo poeta". Sin embargo, esta imagen un tanto idealizada se contradice a lo largo de la obra, pues Bernal presenta al caudillo de la Conquista como un hombre autoritario, dominante, hábil en las batallas, pero que no hubiera podido triunfar sin la ayuda de sus

soldados valientes, como el propio Bernal.

17 La figura de Moctezuma es una de las más sorprendentes en el libro. Lo muestra como un hombre de costumbres refinadas, inteligente y sensible, al grado tal, que al constatar la superioridad militar del enemigo, prefirió evitar el enfrentamiento y la violencia. Opina Bernal, que, triste y desencantado por los acontecimientos, se hundió en el pesimismo y se dejó morir.

18 Los araucanos habitaron la región que comprende el centro de Chile y parte de Argentina. Era un pueblo cazador y guerrero que provenía, según algunos historiadores, de las pampas argentinas. Se les menciona unos doscientos años antes de la llegada de los españoles, cuando detuvieron los intentos colonizadores de los incas. Más tarde, opusieron feroz resistencia a los españoles cuando éstos iniciaron la conquista del territorio en el siglo XVI iniciaron la conquista del territorio. La guerra se prolongó hasta el siglo XVIII. El primer contacto de los españoles con el territorio chileno fue en 1520, cuando Magallanes descubrió el estrecho que lleva su nombre en el extremo sur del Continente. En 1536, Diego de Almagro intentó la conquista del Arauco; Pizarro lo alentó para alejarlo del Perú. Sin embargo, la expedición fue un fracaso y Almagro estuvo a punto de perecer a manos de los indígenas. El segundo intento tuvo más suerte con Pedro de Valdivia, quien en 1540 se enfrentó a los guerreros araucanos con 150 hombres. Con grandes esfuerzos, Valdivia dominó parte del territorio—hizo alianzas con algunos pueblos indígenas que lo ayudaron. En la Navidad de 1553, después de la batalla de Tucapel, de la que Valdivia fue el único sobreviviente, cayó en poder de Caupolicán.

19 Jean Ducamin ha cotejado ambos textos. Véase su edición seleccionada de *L'Araucana poème épique, étude biographique, bibliographique et littéraire*, Barnier Frère, Paris, 1900.

20 Véase el capítulo "Ercilla y sus críticos" de *La Poesía Chilena, Orígenes y Desarrollo*, de Fernando Alegría, México, 32-42.

21 El hijo del Marqués confió a Cristóbal Suárez de Figueroa que escribiera una historia sobre los acontecimientos históricos. La obra, que lleva por título *Los hechos de D. García Hurtado de Mendoza, Cuarto Marqués de Cañete*, fue publicada en Madrid en 1613.

# Clásicos de la Literatura Hispanoamericana 159

22 Es el caso de Abraham König, quien en el prólogo de su edición de *La Araucana* nos declara: "Ningún lector chileno se quejará de estas omisiones, que contribuyen a dar unidad e interés a la acción desarrollada en el poema. Eliminando lo que es inconducente, se consigue además otro propósito, que he tenido en vista desde el primer momento: hacer de la Araucana un libro exclusivamente chileno" (7).

23 A partir de 1557 continúa la conquista García Hurtado de Mendoza, en cuyo acompañamiento iba Alonso de Ercilla. Hurtado derrotó a los indígenas en varias ocasiones; reconstruyó las poblaciones españolas destruidas y fundó otras para poblar la región de europeos y alejar a los naturales al sur. Esta etapa de la guerra se prolongó hasta el siglo XVIII, pues los indígenas resistieron valerosamente.

24 Ercilla refleja la influencia de la escuela italiana que, impuesta por Garcilaso de la Vega, consistió en el uso del endecasílabo, el soneto, la canción y la octava real; esto en lo que toca al aspecto formal; en lo referente al contenido, la escuela italiana es también una renovación en los temas. Muy particularmente, Ercilla leyó las *Églogas* de Garcilaso, de quien toma la imagen dulce y armónica de la naturaleza.

25 Si en las dos primeras partes la historia transcurre sin interrupción, en la tercera, Ercilla interpola acontecimientos ajenos a la narración para romper la monotonía, por ejemplo, en los cantos XVII y XVIII, el autor describe la batalla de San Quintín, que fue ganada por Felipe II a los franceses; después describirá la famosa batalla de Lepanto, en el canto XXIV. También nos cuenta Ercilla algunas historias de amor y en el último canto, justifica las razones que movieron a Felipe II a anexar Portugal a España. El poeta no hace más que seguir el gusto de la época: Cervantes había intercalado algunas historias ajenas al relato principal en la primera parte del *Quixote*. En tal sentido, tanto Ercilla como Cervantes, seguían la moda italiana.

26 Véase la historia de Tegualda y Crepino, 142; la de Glaura y Fresolano, el amante desdeñado, y Cariolán, el amante perdido, 158; y la ira de Fresia, 189.

27 *La Araucana* alcanzó mucho éxito en su tiempo, incluso ganó

la admiración del propio Cervantes, quien elogia el poema de Ercilla en el capítulo XI del *Quixote*. Aún en nuestros días sigue siendo una obra admirada por los grandes poetas de América: para el poeta chileno Pablo Neruda, don Alonso de Ercilla es "el inventor de Chile".

28 Ángel Rama explica que "las letras latinoamericanas nunca se resignaron a sus orígenes y nunca se reconciliaron con su pasado ibérico". (11)

29 El Inca nació en Cusco en 1539, su nombre fue Gómez Suárez de Figueroa. Garcilaso de la Vega será el nombre que toma al iniciarse en el mundo de las letras, el cual era el de su padre: Sebastián Garcilaso de la Vega, descendiente de una ilustrísima familia extremeña emparentada con el poeta de Toledo, Garcilaso de la Vega. La madre del Inca, Isabel Chimpu Ocllo, también noble por su parte, era sobrina carnal del inca Huayna Cápac y prima de Atahualpa.

30 Murió el 23 de abril de 1616, el mismo día que Cervantes, y fue enterrado en la Capilla de las Ánimas, dentro de la mezquita cordobesa. Una lámpara encendida recuerda a los visitantes la presencia de este mestizo que fue, sin quererlo, el primer "indígena" que descubrió España.

31 Según René Jara y Nicholas Spadaccini "Garcilaso also assigned to the rule of the Incas the same sort of manifest destiny since prior to the Incas everything had been barbarism and ignorance. The civilizing work of the Incas had thus paved the way for the rooting of Christianity in Peru" (*1492-1992: Re/Discovering Colonial Writing* 29).

32 Para un comentario sobre el análisis de Riva Agüero, véase *Escribir en el aire: ensayo sobre la heterogeneidad sociocultural en las literaturas andinas* de Antonio Cornejo Polar: "...la visión rivagüero del Inca es decidida y hasta fanáticamente aristocratizante pero, restándole sus excesos, estableció un sólido estereotipo cuya trama, como se ha visto, tiene dos grandes articulaciones; la que insiste en que la figura de Gracilazo es símbolo de un mestizaje armónico; y por ese camino símbolo de la peruanidad, y la que subraya la excepcionalidad de tal mestizaje por ser doblemente nobilario. Hay que convenir que la primera de estas interpretaciones ha calado profundamente en la conciencia de vastos grupos sociales, inclusive

# Clásicos de la Literatura Hispanoamericana 161

en sectores de pensamiento indigenista que, directa o indirectamente, apuestan a favor de un mestizaje integrado, como podría ser el caso de Uriel García, mientras que la segunda, aunque diluida, suele reaparecer en garcilacistas que no necesariamente comparten todo el pensamiento de Riva-Agüero. En resumen: el discurso de la homogeneidad nacional tal vez no tenga expresión más clara que la versión de Gracilaso que ofrece Riva-Agüero, aunque—paradójicamente—se trate de una versión que claramente distinga a los españoles de los indios y a la aristocracia de la plebe y—por consiguiente—construya su gran síntesis sobre el insalvable abismo de las diferencias que ella misma postula". (106-107)

33 Para muchos autores contemporáneos, los *Comentarios reales* carecen de valor histórico, bien por la perspectiva personal del autor—subjetiva y parcial hacia los indígenas—bien por su forma de presentar el mundo prehispánico como una sociedad utópica, es decir, mejor de lo que en realidad fue. Sin embargo, para otros, este es un libro esencial para conocer el mundo incaico porque es una evocación hecha por un mestizo. En este sentido el valor del libro como testimonio es inapreciable.

34 Véase Martin Lienhand: "La reivindicación autóctona, en un primer tiempo, daré ciertos frutos, como la impresión de los *Comentario reales* de Garcilaso o el hecho de que españoles de pura cepa se vean impulsados a trabajar dentro del modo de producción de la crónica mestiza (Sahagún, Durán y otros). La política antiindígena de los españoles se impondrá, sin embargo, hasta en el terreno literario". (114-115)

35 Véase: "El providencialismo del Inca Garcilaso", de Enrique Moteno Báez, *Estudios Americanos*, 8:35-36 (1954): 143-154.

36 Véase la cuidada edición, hecha por A. Pagés Larraya, de *La Aurora en Copacabana*, de Calderón de la Barca, Buenos Aires (1956): 176-77.

37 Para otros comentarios sobre el Barroco, véase *Baroque* de John Ruper Martin. En la introducción explica: "The word 'Baroque', as I shall use it in this book, denotes, first of all, the predominant artistic trends of the period that is roughly comprehended by the seventeenth century. It is important to note at the outset that this is only a convenient approximation: for the epoch as a whole can

certainly not be fitted into such a strait-jacket. The shift from Mannerism to Baroque was not sudden or abrupt but was complicated by considerable overlapping. Though the earliest manifestations of Baroque art appeared well before the year 1600, Mannerism was still a living force in many European centers during the first decades of the seventeenth century. The end of the Baroque is even less clear-cut than its beginning. There are works of art belonging to the eighteenth century that can be unequivocally called Baroque. Yet there is no doubt that in general the impetus of the Baroque had begun to slacken by the last quarter of the seventeenth century" (12).

38 Excepción elogiosa es la del profesor Helmut Hatzfeld, en su estudio "El Predominio del Espíritu Español en las Literaturas del Siglo XVII", *Revista de Filología Hispánica* 9-23.

39 James Mark, "The Uses of the Term Baroque", *Modern Language Review* 547-563; René Wellek, "The Concept of Baroque in Literary Scholarship", *Journal of Aesthetics and Art Criticism* 77-109.

40 En Francia, el uso del término *barroco* ha sido combatido insistentemente por los teorizadores del *clasicismo*.

41 Según Irving A. Leonard in *Baroque Times in Old Mexico* "...it is generally agreed that [the word 'Baroque'] derives from a nonsense word by which humanists of the Renaissance derided medieval scholasticism. In mockery of that early disputatiousness "Baroco" became a synonym of confused and unclear thinking; later it assumed the meaning of 'decadent' and 'in bad taste'". (28)

42 La palabra barroco tiene dos posibles orígenes: del francés *baroco*, nombre de un silogismo; del portugués *barroco*, "perla rregular". En el origen de este estilo, el término barroco tenía un sentido despectivo y se usaba para señalar ya fuera un pensamiento confuso, o un arte deforme y complicado que se oponía al equilibrio y claridad del arte renacentista. A partir del siglo XIX, el término barroco se utilizó para designar, de un modo general, el arte y la cultura del siglo XVII.

43 La quinta, *Unklarheit*, es también muy sugestiva y ha sido traducida al castellano como "claroscuro".

## Clásicos de la Literatura Hispanoamericana 163

44 Imbrie Buffum ha estudiado el período francés comprendido entre 1570-1650, en *Studies in the Baroque from Montaigne to Rotrou*. Sánchez Escribano ha aplicado el método al drama español. *Wölfflin's Principles in Spanish Drama: 1500-1700*, por Sánchez Escribano y D. H. Roaten.

45 Joseph Nadler, *Literaturgeschichte der Deutschen Stamme und Landschaften* (65); Werner Weisbach, *Der Barock als Kunst der Gegenreformation* (52); Paul Hankamer, *Epochen der Deutschen Literatur* (37).

46 *Obras de D. Juan del Valle Caviedes*, introducción y notas de R. Vargas Ugarte.

47 Van Horne, "*El Bernardo* of Bernardo de Balbuena: A Study of the Poem with Particular Attention to its Relation to the Epics of Boiardo and Ariosto and its Significance in the Spanish Renaissance", *University of Illinois Studies of Language and Literature*; F. Pierce, "*El Bernardo* of Balbuena: A Baroque Fantasy", *Hispanic Review*.

48 Véase "Calderón's Popularity in the Spanish Indies" de Everett Hesse, *Hispanic Review* 12-27.

49 Karl Viëtor, *Germanischromanische Monatsschrift* 145-184, y *Probleme der Deutschen Barockliteratur*, Leipzig; R. E. Curtius, *Modern Philology*, 325-333.

50 Según Mariano Picón Salas: "Sin embargo [lo Barroco] fué uno de los elementos más prolongadamente arraigado en la tradición de nuestra cultura. A pesar de casi dos siglos de enciclopedismo y de crítica moderna, los hispanoamericanos no nos evadimos enteramente aún del laberinto barroco. Pesa en nuestra sensibilidad estética y en muchas formas complicadas de psicología colectiva". (107)

51 Bernardo de Balbuena fue hijo natural de un vecino de Compostela, en Nueva Galicia, México, y de Francisca Sánchez de Velasco. Nació en Valdepeñas, España, en 1561. Su padre había ido a la península a litigar sobre las propiedades de ultramar. Fue a México acompañando a su progenitor, hacia 1564, y pasó su niñez en San Pedro de Lagunillas. Estudió en Guadalajara y en la Ciudad de México, cursando en ésta arte y teología. Con motivo de la fiesta

del Corpus Christi de 1585 se celebró en México un certamen literario en el que resultó premiado el joven poeta. Un año después recibió un galardón similar, y otro en 1590. Fue nombrado capellán de Minas de Espíritu Santo, partido de San Pedro de Lagunillas, en 1592. Hacia esta época comenzó la redacción de *El Bernardo*. Fue a México en 1602, donde escribió la *Grandeza Mexicana*, 1604. Se trasladó a España con intención de presentar un memorial, y llegó a San Lúcar el 16 de octubre de 1606. Recibió el grado de Licenciado y Doctor en Santa Teología en la Universidad de Sigüenza, 1607. Un año más tarde apareció impreso el *Siglo de Oro en las Selvas de Erifile*, y fue nombrado abad de Jamaica. Ocupó el cargo en 1610. Continuó la elaboración de *El Bernardo*, apartado del mundanal ruido. Otro memorial de servicios le proporcionó el nombramiento de obispo de Puerto Rico, 1619, a cuya diócesis llegó en 1623. Publicó *El Bernardo* en Madrid, 1624. El ataque de los holandeses a la isla de Puerto Rico fue un rudo golpe para el viejo obispo, en el que perdió la biblioteca al ser quemado el palacio episcopal. Murió en la isla, el 11 de octubre de 1627 (Van Horne *Bernardo de Balbuena* 45-57).

52 Frank Pierce ha insistido en la tesis, probándola detenidamente en "*El Bernardo* of Balbuena: A Baroque Fantasy" (2).

53 J. Van Horne ha hecho una edición crítica, por cuyo texto citamos, modernizando la grafía.

54 El autor ha afirmado también su conexión con el griego Teócrito.

55 Citamos por la edición de la Real Academia Española, Madrid, 1821.

56 Puede consultar *Lo Maravilloso Medieval en el Bernardo de Balbuena* de María José Rodilla León (42-51).

57 Las investigaciones de Van Horne en "*El Bernardo* of Bernardo de Balbuena..." precisan este aspecto: "Measurement of various types of material in the *Furioso* and in the *Bernardo* gives rather illuminating results. The *Furioso* has approximately 150 stanzas of catalogues and the like, or in all, some 881 stanzas of material quite foreign to the progress of the action among characters already introduced. In the *Bernardo*, I count 1,330 stanzas of secondary stories and 775 of catalogues, making some 2,085 in all" (40).

# Clásicos de la Literatura Hispanoamericana

58 Emilio Carilla se ha fijado en los paralelismos que existen entre la obra de Góngora y la de Balbuena en *Gongorismo en América* (29-35).

59 Se refiere también al "uso de la empresa", a la acumulación de epítetos, al sentido sentimental, a lo salvaje, al contraste, al tema de las piedras preciosas, a temas planetarios y al desengaño (Pierce *Heroic Poem of the Spanish Golden Age* 82).

60 Juan Ruiz de Alarcón nació en México (?) hacia 1580. Hijo legítimo de Pedro Ruiz de Alarcón y de Leonor de Mendoza, matrimonio avecindado en Taxco. De familia de preclaro nombre por parte de los Mendozas y de relativo bienestar. Pedro fue, entre los hermanos, el primogénito, y se ordenó de sacerdote. Juan era segundón. Ingresó en la Real y Pontificia Universidad de México para estudiar artes, el 19 de octubre de 1592. Cuatro años más tarde estudiaba cánones. Viajó a España y logró los títulos de Bachiller en cánones, 1600 y en Leyes, 1602 en la Universidad de Salamanca. Trabajó en calidad de abogado en la Audiencia de Sevilla. Por causas no determinadas—tal vez falta de recursos—retornó a las Indias en 1608. En la Universidad de México recibió el grado de Licenciado, 1609. Opositó sin fruto a las cátedras de Instituta, derecho y Cánones. La suerte se le mostró más favorable cuando el Corregidor de México, García-López del Espinar, lo nombró asesor suyo. Un año después obtenía de la Audiencia el cargo de Pesquisidor. Volvió a España en 1613, con la ambición de un puesto gubernamental. Allí gestionó una petición de su hermano Pedro en el Consejo de Indias. Logró para éste una capellanía en el colegio de San Juan de Letrán en México. Alarcón se sostuvo con limitados recursos en la corte y como las necesidades aumentaran, se dedicó al teatro para favorecer su exiguo caudal. Su ingenio le valió un lugar destacado, no sin incomodidades y molestias, en el mundo de las letras. En 1625 presentó un Memorial a Felipe IV. El rey, interesado en el caso, pidió informe al Consejo de Indias, sugiriendo una prebenda eclesiástica o una relatoría en uno de los consejos de la Corte. Alarcón obtuvo el nombramiento de miembro supernumerario con cargo de Relator interino del Consejo de Indias, según la Real Cédula del 17 de junio de 1626, hasta que se determinara la primera vacante que le pertenecería por derecho. Desde este momento hasta 1639, fecha de su muerte, la biografía de Alarcón es silenciosa. Tuvo una hija de Ángela de Cervantes, Lorenza de Alarcón, casada en el momento de testar con Fernando Girón. Eran vecinos de Barchín del Hoyo, lugar de la Mancha. Alarcón dispuso cláusulas de su testamento en

favor de María Navarro "por las muchas obligaciones que confieso tener para ello". La muerte acaeció el 4 de agosto de 1639.

61 Las obras dramáticas de Alarcón se clasifican dentro del ciclo de Lope, pues siguen la estructura de la comedia nueva o española; sin embargo, son muy significativos los rasgos propios que deslindan su obra de las del teatro español de su tiempo. Se ha dicho que Alarcón es el más "moderno" de los dramáticos del Siglo de Oro. Su talento para definir los personajes y ahondar en su psicología, la prédica de la razón y la bondad como norma única en la vida, son sus características sobresalientes.

62 Para más detalles sobre este aspecto véase el estudio "Lope de Vega: el Arte Nuevo y la Nueva Biografía" de Ramón Menéndez Pidal, (*Revista de Filología Española* 337-398).

63 Puede utilizarse la edición del "*Arte Nuevo*", de A. Morel-Fatio, (*Bulletin Hispanique* 365-405).

64 "En su estructura el teatro de Juan Ruiz de Alarcón difiere en muy poco del teatro de los grandes dramaturgos sus contemporáneos", Julio Jiménez Rueda (*Juan Ruiz de Alarcón y su Tiempo* 159).

65 Véase "El resentimiento de la moral en el teatro de don Juan Ruiz de Alarcón", J.M. Castro y Calvo (*Revista de Filología Española* 282-297).

66 Pedro Henríquez Ureña, conferencia pronunciada el 6 de diciembre de 1913 en la Librería General de México, publicada en La Habana e incluida en *Seis Ensayos en Busca de Nuestra Expresión*; Alfonso Reyes, "Prólogo, notas y apéndices", en el *Teatro de Ruiz de Alarcón*; J. Jiménez Rueda en *Juan Ruiz de Alarcón y su Tiempo*.

67 Pedro Henríquez Ureña, conferencia ya citada en La Habana, 13.

68 "El autor al vulgo", *Primera Parte de las Comedias* de Don Juan Ruiz de Alarcón y Mendoza.

69 Algunas piezas pudieran haber sido escritas con anterioridad

# Clásicos de la Literatura Hispanoamericana

a la fecha indicada. Tal es el caso de *El Semejante a sí Mismo, Todo es Ventura* y *El Desdichado en Fingir*. Esta hipótesis no da base para el juicio de Castro Leal de que Juan Ruiz de Alarcón "al llegar a Madrid, en 1613, llevaba en sus baúles algunas comedias, cinco o seis". (*Cuadernos Americanos* 37).

[70] La *Primera Parte* incluye ocho comedias.

[71] "No sé si escucharán estas paredes", *La Corona Merecida* de Lope de Vega, Coordinador J.F. Montesinos, 62.

[72] Alarcón fue un autor sensible e introvertido, y sus personajes, más reales que los héroes de las comedias de su época, no ofrecen contrastes violentos y se convierten, entonces, en personajes que representan las debilidades que acusan: la mentira, la maledicencia y la ingratitud. Alarcón los comprende, los explica con mesura y austeridad. Se distingue por los tonos discretos y trasciende en su obra un gusto por la urbanidad y la cortesía.

[73] Puede consultarse los siguientes estudios: "Contemporary Satire Against Ruiz de Alarcón as Lover" de Ruth Lee Kennedy, (*Hispanic Studies* 145-165); "Juan Ruiz de Alarcón and the Topos 'Homo Deformis et Pravus'", Otis H. Green, (*Bulletin of Hispanic Studies* 99-103).

[74] Para el tema del gracioso en Alarcón puede consultarse: "Los Graciosos en el Teatro de Ruiz de Alarcón" de E. Abreu Gómez (*Investigaciones lingüísticas*, 189-201); "El Gracioso de Juan Ruiz de Alarcón y el Concepto de la Figura del Donaire Tradicional" de J. H. Silverman (*Hispania* 64-69).

[75] Rodríguez Marín nos hace una provechosa sugerencia a este respecto, "Juan Ruiz de Alarcón, que tal vez anduvo y residió en Sevilla, sin el don que luego agregó a su nombre" (*Nuevos Datos* 4).

[76] Sirvan de ejemplo *El Castigo sin Venganza* de Lope de Vega y *El Médico de su Honra* de Calderón.

[77] Compárese esta actitud con la de *El Villano en su Rincón* de Lope de Vega.

78 Para valorar debidamente este episodio debe tenerse en cuenta la especial devoción de los mexicanos por el culto de la Virgen Nuestra Señora de Guadalupe. Este fervor por el culto mariano lo podemos observar también en la obra del peruano Garcilaso de la Vega; y es norma general entre los criollos, que recogen la gran tradición literaria medieval.

79 Dice doña Ana: "y honra más que un rey galán, un marido labrador" (87).

80 Acto II, 241. La famosa frase "ser quien soy", de origen discutido, es un imperativo categórico de conducta. Equivale a debo accionar según unos principios ideales de virtud. Cervantes la utilizó en *El Cerco de Numancia* y el *Quixote* se hace muy popular en el teatro del Siglo de Oro.

81 Fuente inmediata es el *Tratado del Juicio Final é Universal*, 1588, del dominico portugués Nicolás Díaz. No se sabe si Alarcón, que atestigua el conocimiento de libros teológicos, utilizó *De Antichristo*, 1621, de Tomás de Malvenda.

82 Situación semejante a la que presenta Calderón en *El Mágico Prodigioso*.

83 Véase: *Don Juan Ruiz de Alarcón de Mendoza* de Luis Fernández-Guerra y Oribe, 282-294; "El gracioso de *El Anticristo*" de Joaquín Casalduero (*Nueva Revista de Filología Hispánica* 307-315).

84 Sirva de ejemplo la mención de las focas de Guadarrama.

85 Llama a unos cordeles que van a utilizar para fugarse del hospital "escalas del viento".

86 Tirso de Molina utiliza el mismo procedimiento en *El Amor Médico*. En este caso es el portugués el idioma escogido. Calderón también recurre a él en *El Pintor de su Deshonra* con parlamentos en catalán.

87 Juan de Valle Caviedes nació en Porcuna (Jaén), en 1645, hijo del doctor Pedro del Valle y Caviedes y de María de Caviedes. Fue al Perú muy joven. Trabajó en las Minas. Se casó con una pupila de las

doncellas de la Caridad, Beatriz de Godoy, en 1671. Tuvo cinco hijos. Se sabe que en 1683 estaba tan enfermo que redactó su testamento. Los médicos agravaron su estado. Sin embargo, no murió como se esperaba. Intervino en la política virreinal con panegíricos y sátiras. Murió hacia 1697. Su obra se publicó, en su mayoría, póstumamente.

88 L.A. Sánchez, "Un Villón criollo" (*Atenea* 132-143).

89 L.F. Xammar, "La Poesía de Juan del Valle Caviedes en el Perú Colonial" (*Revista Iberoamericana* 75-91).

90 R. Vargas Ugarte, *Obras de don Juan del Valle y Caviedes*.

91 G. Lohman Villena, "Un Poeta Virreinal del Perú: Juan del Valle Caviedes" (*Revista de Indias* 771-794).

92 M. Alemán, *Guzmán de Alfarache*, Parte I, Libro II, Capítulo IV.

93 V. Espinel, *Vida de Marcos de Obregón*, Libro I, Descansos IV, XI.

94 A. J. Salas Barbadillo, *La hija de Celestina*, capítulo V.

95 Véase "Quevedo, satírico, los médicos bajo la pluma de Señor de la Torre de Juan Abad", L. Astrana Marín (*La Ilustración Española y Americana* 611, 659, 691).

96 Quevedo y Valle aplican el tema del médico que mata a la hermosura mortal de una bella. Quevedo en el romance "Quejas del abuso del dar a las mujeres", Valle Caviedes en otro titulado "Pintura de una dama que con su hermosura mataba como los médicos".

97 Edición consultada de Benjamín Parsons Bourland (9-13).

98 Calderón también trató el tema "cocheril" en *Mañanas de Abril y Mayo*, acto I.

99 Dámaso Alonso ha estudiado la tradición petrarquista de Quevedo en *Poesía Española, Ensayo de Métodos y Límites Estilísticos*.

100 Calderón cultivó también el tratamiento del mito en forma chistosa en *Céfalo y Pocris*.

101 Para los contactos entre Valle Caviedes y Quevedo véase Quevedo *(Entre dos Centenares)* de Emilio Carilla (222-229).

102 Carlos de Sigüenza y Góngora nació en México el 14 de agosto de 1645. Fue el segundo de nueve hermanos. Su padre, Carlos de Sigüenza, madrileño, había sido tutor del príncipe Baltasar Carlos, hijo de Felipe IV. Su madre, que ostentaba un conocido apellido, Dionisia Suárez de Figueroa y Góngora, era sevillana. Carlos ingresó en el seminario jesuita de Tepotzotlán en 1660. Hizo los votos simples dos años más tarde. Desgraciadamente, debido a ciertas irregularidades, fue expulsado de la orden. Intentó en vano ser readmitido hasta que quizá lo consiguiera en los últimos momentos de su vida—legó sus manuscritos y utensilios de trabajo a la Compañía y fue enterrado en una capilla jesuita. Cursó teología en la Real y Pontificia Universidad de México. Obtuvo la cátedra de "Matemáticas y Astrología" de este centro docente el 20 de julio de 1672. Se ordenó de sacerdote al siguiente año. Hacia 1675 publicaba el *Lunario*, almanaque del que se tienen escasas noticias. En esta época se confirmaba como poeta. Aparecieron *Glorias de Querétaro* y el *Teatro de Virtudes Políticas*; en éste se describe el Arco Triunfal erigido por la ciudad de México. Fue nombrado cosmógrafo real en 1680. Un hecho extraordinario aconteció este mismo año: el paso de un cometa. Contra la ola de superstición el sacerdote publicó el *Manifiesto Filosófico contra los Cometas*, 1681, lo que fue motivo de una polémica sobre el símbolo y significación de los astros fugaces, en la que tomó parte el Padre Kino. Obtuvo la capellanía del Hospital de Amor de Dios, y el nombramiento de Limosnero del Arzobispo de México. En 1683 se publicó el *Triunfo Parténico*. Los años de 1688 a 1693 señalan el apogeo de su carrera social y literaria, bajo la protección del virrey Conde de Galve. Numerosas obras acreditaron su nombradía *(Infortunios de Alonso Ramírez, Libra Astronómica y Filosófica, Relación de lo Sucedido a la Armada de Barlovento, Trofeo de la Justicia Española)*. Demostró su sacrificio e interés por la ciencia durante la jornada del 8 de junio de 1692. Un tumulto del pueblo, debido a la carencia de maíz, dio lugar a que se prendiera fuego al palacio del Virrey. Cuando las llamas alcanzaban el Cabildo, en donde estaba el archivo, Sigüenza, ayudado por sus familiares y con riesgo de su vida, salvó gran cantidad de documentos y libros. Redactó los acontecimientos en una memorable *Carta al Almirante Andrés de Pez*. Participó en la expedición de Pensacola en 1693. En

# Clásicos de la Literatura Hispanoamericana

el mismo año aparecía el *Mercurio Volante*. Murió de un cólico nefrítico el 22 de agosto de 1700, a la edad de 55 años. Este mismo año vio la luz su obra *Poética Oriental Planeta Evangélico*. Muchas de las obras del erudito profesor, aunque se conserven los títulos, se han perdido.

103 Según Irving A. Leonard: "Sigüenza y Góngora remained …an integral part of his milieu and an authentic expression of the Baroque age, for he carefully separated his firm adherence to religious orthodoxy from his speculative attitude toward secular studies. He believed…that the newer methodology would merely confirm the accepted dogmas of the Faith, and the neo-medievalism of his environment as strongly conditioned him as the Middle Ages did the humanists of the Renaissance. But, even more than the nun-poetess [Sor Juana Inés de la Cruz] whom he so greatly admired, he symbolized the transition from the extreme orthodoxy of seventeenth century Spanish America to the growing heterodoxy of the eighteenth century (*Baroque Times in Old Mexico* 193-194).

104 Irving A. Leonard nos recuerda: "The more authentic claim of this Baroque scholar to distinction lies in his scientific writings which provide a better index of his intellectual caliber. Here again, however, most of his significant contributions never achieved the semi-permanence of print and hence are known only by hearsay, but the slight number surviving insure him a high place in the annals of the intellectual history of Old Mexico and, indeed, of colonial Spanish America (*Baroque Times in Old Mexico*, 203).

105 Dedicado al comercio marítimo, Alonso es capturado por piratas ingleses cerca de los Filipinas. Él y sus compañeros tienen que soportar los malos tratos y los trabajos a los que se les somete en calidad de esclavos, pero finalmente son liberados. Esta obrita, de prosa bastante realista, está escrita con amenidad y frescura; destaca el enfrentamiento entre dos mundos: el de los cristianos españoles y el de los "herejes" ingleses.

106 Irving A. Leonard se fija en la dificultad rebuscada, en el virtuosismo ávido de aplauso del mexicano, en su libro *Baroque Times in Old Mexico*, especialmente los capítulos "Tournaments of Poetasters" y "Some Curiosities of the Baroque Verse".

107 Gran parte de la poesía del siglo XX se basa en esta tradición: Stéphane

Mallarmé, Rubén Darío, Paul Valéry, Juan Ramón Jiménez, Giuseppe Ungaretti, García Lorca, Salvatore Quasimodo y Rafael Alberti.

108 Este poema ha sido juzgado como obra primogénita de los dieciséis años del autor. La crítica se ha fundado en aquellas palabras de Sigüenza que dicen: "poema que no teniendo los diecisiete habrá dieciocho que canto mi devoción" ("Palabras preliminaries" de la edición de 1668). Tal aserto debe ser cuidadosamente estudiado, prefiriendo una interpretación distinta de la literal, pues, dada la complejidad del poema, se supone una madurez impropia, por no decir imposible de tal edad. Tal vez se tratara de una primera redacción retocada y enmendada posteriormente.

109 Fuera de esta temática, deben recordarse algunos epigramas o motejos sobre los ganadores de premios, composiciones de tono menor, que no alterna la tónica de la obra en conjunto.

110 Ejemplo de su devoción es el *Triunfo Parténico* (Garcidueñas compilador).

111 Figuran en la lista de cultismos que inserta Dámaso Alonso en *La Lengua Poética de Góngora*, parte primera (95-108).

112 El número romano indica la estrofa del poema.

113 Irving A. Leonard explica: "Sigüenza was profoundly moved by the recital of the misadventures of Ramírez and not only wrote a long account of them but personally besought the viceroy to issue a decree to the Inspector of the Royal Treasury, D. Sebastián de Guzmán y Córdoba, a warm friend of Don Carlos, to assist the worn traveler with money. With this request the viceroy complied" (*Don Carlos de Sigüenza y Góngora* 29).

114 Según el crítico José Juan Arrom: "...al relatar la odisea de Alonso, prolonga la modalidad genérica de la novela de viajes y aventuras, ensancha el espacio narrativo de la novela americana y patentiza el pesimismo y el desengaño característicos del período barroco. Esto último podemos detectarlo no sólo de las azarosas peripecias que padece el protagonista sino también de la estructura abierta de la obra, en la cual se ve a Ramírez, en el último párrafo, camino a enrolarse en la Real Armada de Barlovento, a cumplir su ineluctable destino de corcho zarandeando por las olas" (*Writers of*

# Clásicos de la Literatura Hispanoamericana

*the Spanish Colonial Period* 275).

115 Walter Mignolo nos recuerda que "No sólo que *Los Infortunios de Alonso Ramírez* forman parte de las 'relaciones históricas' de Sigüenza y Góngora, sino también que se lo recoge, en 1902, en una 'Colección de Libros que tratan de América', no como obra literaria sino histórica. (*Historia de la literatura Hispanoamericana: Época Colonial* 101).

116 Llamada la Décima Musa, Sor Juana Inés de la Cruz fue una mujer admirable y gloriosa de las letras mexicanas. Nació en una época en que era difícil aceptar a la mujer en el mundo intelectual. A pesar de esto, su personalidad brilla con fulgores de inteligencia, de ternura y de sentido del humor. Juana de Asbaje Ramírez, hija natural de Isabel Ramírez y el capitán Pedro Manuel de Asbaje, nació en San Miguel de Nepantla en 1648. Tuvo facilidad para aprender y a los tres años sabía leer y escribir. Estudió adoctrinada por el Maestro Martín de Olivas. Ingresó en la corte del excelentísimo Marqués de Mancera, Virrey de México, con el título de "muy querida de la señora Virreina". Su virtuosismo literario y apetencia de saber se hicieron pronto conocidos, y el virrey, deseoso de mostrarlos, la sometió a un examen extraordinario ante un tribunal compuesto de los profesores más importantes de Nueva España, del que quedó airosa y admirada (Salinas 97). Entró de novicia en la Orden de las Madres Carmelitas el 14 de agosto de 1667, de cuyo convento salió el 18 de noviembre del mismo año por no poder resistir las privaciones y reglas que exigía la comunidad. Profesó en el monasterio de monjas jerónimas en 1669, en cuya orden permaneció hasta su muerte. En 1689 había aparecido un tomo de poesías de Sor Juana, recopiladas bajo el título general de *Inundación Castálida*, dedicada a la Condesa de Paredes. En 1690 se imprimió su *Crisis en un Sermón o Carta Atenagórica*, acompañada de una carta de Sor Filotea de la Cruz, seudónimo del Obispo de Puebla, Manuel Fernández de Santa Cruz. En sus últimos años pasó tribulaciones. Se censuraron sus aficiones profanas. Vendió su biblioteca. En 1692 ocurrió un grave tumulto en México. Hizo una amplia profesión de fe en 1694. Murió contagiada de la peste al año siguiente.

117 Citamos por la edición de Alfonso Méndez Plancarte y Alberto G. Salceda, *Obras Completas de Sor Juana Inés de la Cruz*, en cuatro volúmenes. Todas las citas en este capítulo se refieren a esta edición respecto a la paginación.

118 La vida en el Convento de San Jerónimo no fue obstáculo a su vida social y literaria. Chávez nos dice que "iban allí...a su locutorio, en los días y a las horas de recibo, damas y caballeros; el virrey y la virreina *in capite*; y allí, como antes en la corte de la virreina, siguió aplaudida, admirada y festejada Juana Inés" (70).

119 Significativo es el hecho de este personaje, al no encontrar solución a su problema amoroso, desea ingresar en el convento.

120 Paz, Octavio, *Sor Juana Inés de la Cruz o Las Trampas de la Fe*. Este libro examina muchas de las obras de Sor Juana y contiene información histórica para que se pueda contextualizar la obra.

121 En este pasaje de la obra Sor Juana también quiere justificar el hecho de que ella no estaba de acuerdo con Vieyra ni tampoco tenía que concordar con él en todo.